C.S. LEWIS

COMO SER CRISTÃO

Título original: *How to be a Christian*

Christian reflections. Copyright © 1967 by C. S. Lewis Pte. Ltd. Published by Eerdmans.

God in the Dock. Copyright © 1970 by C. S. Lewis Pte Ltd. First published in the United States by William B. Eerdmans Publishing Company in 1970.

How to be a Christian. Copyright © 2018 by C. S. Lewis Pte Ltd. Edição original por HarperCollins *Publishers*. Todos os direitos reservados.

Copyright de tradução © Vida Melhor Editora LTDA., 2020.

Os pontos de vista desta obra são de responsabilidade de seus autores e colaboradores diretos, não refletindo necessariamente a posição da Thomas Nelson Brasil, da HarperCollins Christian Publishing ou de sua equipe editorial.

Publisher	*Samuel Coto*
Editores	*André Lodos Tangerino,*
	Bruna Gomes
Tradutores	*Elissamai Bauleo, Francisco Nunes,*
	Giuliana Niedhardt, Estevan Kirschner,
	Gabriele Greggersen
Preparação e revisão	*Francine de Souza*
Diagramação	*Sonia Peticov*
Capa	*Rafael Brum*

CIP—BRASIL. CATALOGAÇÃO NA FONTE
SINDICATO NACIONAL DOS EDITORES DE LIVROS, RJ

L76c
    Lewis, C. S.
    Como ser cristão / C.S. Lewis; tradução de Elissamai Bauleo. — 1.ed. — Rio de Janeiro: Thomas Nelson Brasil, 2020
    192 p.; 12 x 18 cm.

    Tradução de: *How to be a Christian*
    ISBN 978-85-71671-34-8

1. Cristianismo. 2. Oração. 3. Fé. 4. Religiosidade. I. Título.

CDD: 230

Índice para catálogo sistemático:
1. Cristianismo: oração
2. Fé: religiosidade

Bibliotecária responsável: Aline Graziele Benitez CRB-1/3129

Thomas Nelson Brasil é uma marca licenciada à Vida Melhor Editora LTDA.
Todos os direitos reservados à Vida Melhor Editora LTDA.
Rua da Quitanda, 86, sala 601A — Centro
Rio de Janeiro — RJ — CEP 20091-005
Tel.: (21) 3175-1030
www.thomasnelson.com.br

sumário

Prefácio   5

Pondo a salvação em prática   11

Preocupando-nos com mais do que a salvação de almas   21

O perigo de apontar falhas nos outros   31

Vivendo hoje na expectativa da Segunda Vinda amanhã   41

Perdão como prática necessária   53

Negar e amar a si mesmo   61

Dúvidas e o dom da fé   67

Encantos e desafios da vida familiar   73

Como difundir a vida cristã interior   83

O significado da declaração: "o viver é Cristo"   93

A arte cristã de obter glória   97

Como não se sentir ameaçado quando o cristianismo permanece inalterado e a ciência e o conhecimento progridem   123

A importância da prática do amor 129

O significado de ser parte do corpo de Cristo 137

Questões práticas sobre ser um cristão hoje 159

Referências bibliográficas 187

prefácio

Cristãos gastam muito tempo falando sobre crenças e doutrinas, de modo que alguns podem pensar que dominar a fé é entender um conjunto de ideias. Esse, porém, não é o caso. A verdadeira substância da fé jaz no mundo da ação. A fé cristã se transforma em algo real quando é vivida. Por exemplo: ser cristão implica aprender a ser tardio para julgar outros e verificar primeiro a trave do nosso olho; implica aprender como parar de nos concentrar em medos e preocupações a fim de ver como tratar outros da forma como gostaríamos de ser tratados; como exercer domínio próprio em relação à nossa ansiedade sobre o amanhã e abrir mão da ira, antes que ela se transforme em pecado; como, depois de feridos, perdoar outros.

Sim, doutrinas são extremamente importantes. O cristão deve entender sua crença antes de compreender que é capacitado por Jesus a viver de maneira nova. Contudo, entender essas ideias é uma porta de entrada, exigindo que comecemos a caminhar para que essas tenham qualquer significado.

Mesmo o apóstolo Paulo, o antecessor de boa parte da teologia cristã, relembra-nos de que a fé, ainda que perfeita, acaba sendo um mero sino ressoante se não tiver amor. E o amor só pode ser expresso por ações.

Digo tudo isso porque (1) foi o que aprendi com C. S. Lewis e (2), ironicamente, Lewis é amplamente conhecido como o maior defensor das ideias cristãs no século XX. Em outras palavras, poderíamos supor que Lewis fosse um dos principais responsáveis pela noção de que o cristianismo é essencialmente um corpo de ideias, dado o sucesso de suas obras apologéticas, mas tal conclusão seria perder a essência de suas ideias.

Deparando-me com eruditos e teólogos, quase todos me confessam que Lewis exerceu um papel importante na jornada rumo à vocação deles. Entretanto, a despeito de sua popularidade, no que diz respeito às obras estudadas pelos eruditos, ouvimos os nomes de Barth, Hauerwas, Bonhoeffer, Wright, Pagels, Armstrong, Ehrman e outros, mas raramente Lewis. Ao participar da convenção anual da A*merican Academy of Religion* e da *Society of Biblical Literature*, onde vinte mil estudiosos da religião se reúnem em uma cidade diferente a cada ano e realizam seções sobre todos os assuntos arcanos imagináveis (e muitos que eu mesmo não consigo imaginar), surpreendo-me com o fato de o nome "C. S. Lewis" raramente aparecer na programação. Qual a razão disso?

Prefácio

Penso que é devido ao fato de Lewis nunca apresentar suas ideias como algum paradigma novo e heroico, mas apenas como resumo do cristianismo "puro e simples", aquilo em que a maior parte dos cristãos sempre creu. Além disso, a sabedoria de Lewis não funciona melhor como uma "grande teoria", mas antes como, segundo chamaria, uma "sabedoria de jornada". Em outras palavras, é apenas trilhando o caminho da vida cristã que aquilo que Lewis ensina parece fazer sentido e se torna "útil".

Lembro-me da lâmpada acendendo-se quando, no Livro 4 de *Cristianismo puro e simples*, Lewis explica que, ao nos tornarmos cristãos, firmamos um contrato com Deus em sua tarefa de nos aperfeiçoar — e que algo menos do que esse processo às vezes doloroso seria admitir que Deus está pronto para desistir de nós, que ele não nos ama plenamente. Ora, essa ideia pôs ordem em minha mente jovem de uma maneira totalmente nova, lembrando-me de que "tornar-se cristão" era um caminho, não um acontecimento ocorrido uma única vez, e que aqueles que estão mais próximos de mim — e, assim, os mais afetados pelas minhas imperfeições — seriam a sala de aula principal que Deus usa em sua operação de limpeza.

Outro momento iluminador foi ler a meditação magistral do Maldanado sobre a glutonaria. Sempre imaginara a glutonaria como uma alma esfomeada e obesa, devorando tudo em seu caminho — i.e., alguém diferente de mim. Mas nas *Cartas de um diabo a seu aprendiz*, Lewis usa a mãe do sujeito humano e sua obsessão cobiçosa por um "pedaço de pão adequadamente torrado" como modelo de glutonaria. Talvez eu não fosse tão "não glutão" quanto pensava. É em momentos assim, lidando com os pormenores do que significa viver a fé cristã, que os *insights* de Lewis parecem tão profundos, ricos e úteis.

O melhor exemplo do que quero dizer se encontra no capítulo 12 de *The Great Divorce [O grande divórcio]*, trecho em que o personagem principal testemunha o espetáculo de um desfile celestial com anjos, santos e animais brilhantes, flutuando e dançando em volta de uma mulher luminosa cuja beleza era quase "insuportável" de contemplar. A princípio, o observador pensa tratar-se de Eva ou Maria, a mãe de Jesus. No entanto, ele fica sabendo que a mulher em questão é Sarah Smith, que vivia como dona de casa nos subúrbios de Londres. No céu ela é tida como uma das "grandes". Como Sarah obteve esse status? Por ter se tornado, em sua vida comum, a mãe de todo jovem, mulher, menino, menina, cachorro ou gato que encontrara, amando-os de modo tal que eles passaram a ser mais amáveis e mais ávidos por amarem outros.

Esse capítulo não apenas redefiniu conceitos sobre o significado de ser um "grande" cristão; também nos ajuda a entender os escritos de Lewis como um todo. Lewis buscou ajudar, encorajar e iluminar seus leitores sobre a fé cristã, especialmente na forma como o cristianismo é visto por outros como ultrapassado e fora de sintonia com os tempos modernos.

Nesse aspecto, Lewis foi mais primoroso e bem-sucedido do que jamais imaginara. E parte da razão por trás do seu sucesso era o fato de que em vez de desejar ser um grande apologeta e teólogo, ele se autoavaliava pelo quanto se assemelhava com Sarah Smith. Foi por causa dessa abordagem humilde que ele veio a se tornar, fatual e inconscientemente, um grande apologeta e teólogo.

Nesta coletânea, fizemos uma seleção a partir de capítulos, ensaios, cartas e discursos encontrados em uma vasta gama dos livros de Lewis, todos relacionados com o modo pelo qual devemos manifestar nossa fé, não apenas crer de modo intelectual. *Como ser cristão* não seria possível sem o trabalho de Zachary Kincaid, que juntou muitos desses escritos para nós. Nossa expectativa é que, neste livro, você não apenas encontre novos textos escritos por Lewis, mas descubra nova sabedoria para a jornada, do tipo que nos ajuda a ser um pouco mais semelhantes à Sarah Smith.

Michael G. Maudlin
Vice-presidente sênior e diretor executivo da HarperOne

PONDO A SALVAÇÃO EM PRÁTICA

Cristianismo puro e simples

(do capítulo intitulado "Fé")

O que importa para Deus não são nossas ações propriamente ditas; o que importa para ele é que sejamos criaturas possuidoras de certo tipo ou qualidade — o tipo que ele pretendeu que fôssemos —, criaturas relacionadas a ele de certa forma. Não vou acrescentar aqui: "e se relacionem de certa forma uns com os outros", porque isso já está implícito, pois, se você estiver de bem com Deus, inevitavelmente estará de bem com todos os que o rodeiam, da mesma forma que, se todos os raios de uma roda estiverem bem encaixados no centro e no aro ao qual são ligados, estarão na posição certa uns em relação aos outros. Na verdade, enquanto pensarmos em Deus como um tipo de examinador nos passando um trabalho escolar, ou como a outra parte de algum tipo de barganha — enquanto estivermos pensando em termos de reivindicações e contrarreivindicações entre nós e Deus —, ainda não estaremos numa posição certa em relação a ele. Aquele que age assim não entende muito bem quem é nem quem Deus é, e não consegue assumir a posição certa, porquanto, não é capaz de descobrir a própria falência.

Quando eu falo em "descobrir", quero dizer isso mesmo, ou seja, não o disse simplesmente da boca para fora. É claro que qualquer criança que receber algum tipo de educação religiosa logo aprenderá que não temos nada a oferecer a Deus que já não seja dele, e que falhamos em oferecer até mesmo isso, sem querer guardar algo para nós. Mas estou falando de deparar com algo real, uma descoberta de verdade baseada na experiência pessoal.

Agora, nesse sentido, só poderemos descobrir nossa incapacidade de manter a lei de Deus depois de termos concentrado o máximo de esforços (e depois falhando) em mantê-la. Se não tentarmos de verdade, não importam nossas alegações, teremos sempre a ideia no nosso subconsciente de que, se tentarmos com mais afinco da próxima vez, teremos sucesso em nos tornar completamente bons. Assim, em certo sentido, a estrada de volta para Deus é a estrada do esforço moral, de empenhar-se cada vez mais; mas, em outro sentido, não é o esforço que nos levará de volta para casa. Todos esses esforços estão nos levando ao momento vital em que dizemos a Deus: "O Senhor é que terá de fazer isso, pois eu não consigo". Eu lhe imploro, por favor, que não comece a se perguntar: "Será que eu já cheguei a esse ponto?". Não fique aí sentado, divagando para ver se já está chegando lá, pois isso o levará na direção errada.

Quando acontecem as coisas mais importantes da nossa vida, muitas vezes, naquele momento, nem nos damos conta do que está acontecendo. Uma pessoa nem sempre está em condições de constatar: "Opa! Estou amadurecendo". Muitas vezes, é só quando olhamos para trás que nos damos conta do que aconteceu e, então, reconhecemos aquilo que as pessoas chamam de "amadurecimento". Você pode perceber esse fenômeno até em coisas mais simples. Uma pessoa que começa a especular, ansiosa, se vai conseguir dormir, tem grande probabilidade de ficar horas acordada. Da mesma forma, o fenômeno ao qual estamos nos referindo agora pode não acontecer com todo mundo em um passe de mágica — como aconteceu com o apóstolo Paulo e Bunyan — mas, pode se dar de forma tão gradativa que ninguém seja capaz de apontar uma hora ou ano particular em que tenha acontecido. E o que importa é a natureza da mudança em si, e não como nos sentimos enquanto está acontecendo. É a mudança da confiança em nossos próprios esforços para o estado em que desistimos de fazer qualquer coisa por esforço próprio e deixamos tudo por conta de Deus.

Sei que a expressão "deixar por conta de Deus" pode ser mal compreendida, mas vamos deixar assim por enquanto. O sentido em que um cristão deixa as coisas por conta de Deus é que ele deposita toda a sua confiança em Cristo, isto é, acredita que Cristo, de alguma forma, compartilhará com ele a obediência humana perfeita que ele assumiu desde o seu nascimento até a sua morte de cruz; que Cristo tornará o homem um ser mais à sua semelhança e, em certo sentido, compensará suas deficiências. Na linguagem cristã, ele compartilhará sua "condição filial" conosco, fazendo de nós "Filhos de Deus", como ele mesmo — no Livro IV, tentarei analisar melhor o sentido dessas palavras. Se você preferir colocar de outra maneira, Cristo oferece algo por nada; na verdade, ele oferece tudo por nada. Em certo sentido, toda a vida cristã consiste precisamente em aceitar essa oferta magnífica, mas o difícil mesmo é chegar ao ponto de reconhecer que tudo o que fizemos e podemos fazer se resume a nada. Queríamos mais é que Deus considerasse nossos pontos positivos e ignorasse os negativos, ou, em outras palavras, poderíamos dizer que, em certo sentido, nenhuma tentação jamais será superada enquanto não pararmos de tentar superá-la — ou seja, temos de jogar a toalha. Mas, por outro lado, você não poderia "parar de tentar" da forma correta e pelo motivo certo enquanto não tiver tentado com todas as suas forças. E, em outro sentido, entregar tudo a Cristo, é claro, não quer dizer que iremos parar de tentar. É evidente que confiar nele significa tentar fazer tudo o que ele diz, pois não haveria sentido em dizer que você confia em uma pessoa se não segue o seu conselho. Assim, se você realmente se entregou a ele, podemos concluir que esteja tentando obedecer-lhe. Contudo, está tentando fazê-lo de uma maneira que seja nova e menos ansiosa. Não deseja fazer essas coisas para tentar ser salvo, mas porque ele já começou a salvá-lo; não as faz esperando obter o Paraíso como recompensa de suas ações, mas inevitavelmente querendo agir de determinada maneira porque já tem dentro de si um primeiro vislumbre ainda que tênue da habitação celeste.

Os cristãos sempre se envolveram em discussões em torno de saber se o que os leva de volta para casa são as boas ações ou a fé em Cristo. Não tenho nenhum direito de falar sobre um assunto tão difícil, mas me parece que isso é como perguntar qual das lâminas de uma tesoura é a mais necessária. Só um esforço moral sério pode nos levar ao ponto de jogar a toalha, mas a fé em Cristo é a única coisa que vai salvar-nos do desespero quando chegar a esse ponto, e é da fé que as boas ações devem inevitavelmente surgir. Certos grupos cristãos do passado acusavam outros grupos de parodiar a verdade de duas formas. Talvez elas esclareçam melhor a verdade. Um grupo dizia: "Fazer boas ações é tudo o que interessa. A melhor boa ação que há é a caridade, e o melhor tipo de caridade é a doação em dinheiro. O melhor destino da doação de dinheiro é a igreja, logo, entregue-nos £10.000 e garantiremos sua entrada nos Céus". A resposta a essa bobagem com certeza seria que as boas ações feitas por esse motivo, com a ideia de que os Céus possam ser comprados, sequer seriam boas ações, mas apenas especulações comerciais. O outro grupo seria acusado de dizer: "A fé é tudo o que interessa. Consequentemente, se você tem fé, não importa o que faça. Peque à vontade, meu filho, e divirta-se, pois, para Cristo, isso não fará diferença no final". A resposta a essa outra bobagem é que, se o que você chama de "fé" em Cristo significa não ligar a mínima para o que ele diz, então não se trata de fé alguma — nem de fé, nem de confiança nele, mas apenas de aceitação intelectual de alguma teoria sobre ele.

A Bíblia parece realmente selar a questão quando reúne as duas coisas em uma só sentença surpreendente. A primeira parte diz: "ponham em ação a salvação de vocês com temor e tremor" — que nos dá a impressão de que tudo depende de nós e de nossas boas ações. Mas a segunda parte completa: "Pois é Deus que efetua em vocês tanto o querer quanto o realizar", que dá a ideia de que Deus faz tudo, e nós, nada. Temo que esse seja o tipo de coisa que temos de confrontar no cristianismo e fico intrigado com isso, mas não surpreso. Veja que estamos tentando entender e separar em compartimentos estanques o que Deus faz e o que os seres humanos fazem, enquanto Deus e os seres humanos estão trabalhando juntos. E é claro que, de início, pensamos que é como se dois homens estivessem trabalhando juntos, de modo que você pode dizer: "Ele fez esta parte e eu fiz aquela". Mas essa forma de pensar está equivocada. Deus não é assim. Ele está dentro de você tanto quanto fora, e, mesmo se você conseguisse entender quem fez o quê, não acho que a linguagem humana poderia expressar tal entendimento adequadamente. Na tentativa de expressá-lo, diferentes igrejas dizem coisas diferentes, mas você descobrirá que, mesmo aqueles que insistem mais fortemente na importância das boas ações lhe dizem que você precisa de fé; e, mesmo aqueles que insistem mais fortemente na fé, recomendam-lhe praticar boas ações. Em todos os casos, não posso levá-lo mais longe.

Penso que todos os cristãos concordariam comigo se eu dissesse que, embora o cristianismo pareça, à primeira vista, resumir-se a moralidade, deveres, regras, culpa e virtude, ainda assim ele nos leva adiante, para fora de tudo isso, para algo que vai além. Podemos ter, assim, o vislumbre de um país onde não se fala sobre essas coisas, exceto, quem sabe, em uma piada. Lá, todos seriam cheios do que podemos chamar de bondade, como um espelho que se enche de luz. Mas eles não o chamariam de bondade. Não o chamariam de nada. Eles não estariam nem sequer pensando sobre isso, pois estariam ocupados demais olhando para a fonte de onde tudo isso provém. Mas, nesse momento, chegaríamos perto do ponto em que a estrada cruza a margem deste mundo. Nenhum olho pode enxergar muito além disso; mas muitos olhos conseguem enxergar muito além dos meus.

PREOCUPANDO-NOS COM MAIS DO QUE A SALVAÇÃO DE ALMAS

O peso da glória

(do capítulo intitulado "Aprendizado em tempos de guerra")

Temos sempre de responder a esta pergunta: "Como você pode ser tão fútil e egoísta em pensar sobre qualquer outra coisa que não seja a salvação das almas humanas?" E necessitamos, no momento, responder à questão adicional: "Como você pode ser tão fútil e egoísta em pensar sobre qualquer outra coisa que não seja a guerra?". É verdade que parte de nossa resposta será a mesma para ambas as perguntas. Uma das perguntas implica que nossa vida pode, e deve, tornar-se exclusiva e explicitamente religiosa; a outra, que pode, e deve, tornar-se exclusivamente nacionalista. Acredito que toda a nossa vida pode e, de fato, deve, tornar-se religiosa num sentido a ser explicado mais tarde, mas se isso quer dizer que todas as nossas atividades devem ser do tipo que podem ser reconhecidas como "sagradas", em oposição a "seculares", então eu daria uma resposta simples para ambos os meus inquiridores imaginários. Eu diria: "Mesmo que devesse ou não acontecer, aquilo que você está sugerindo não vai acontecer". Antes de me tornar cristão, eu não tinha entendido completamente que a vida de alguém depois da conversão iria inevitavelmente consistir em fazer a maior parte das mesmas coisas que fazia antes, assim se espera, com um novo espírito, mas sendo ainda as mesmas coisas. Além disso, antes de partir como soldado para a Primeira Guerra Mundial, eu certamente esperava que minha vida nas trincheiras fosse, em algum sentido misterioso, somente voltada para a guerra. Na realidade, percebi que, quanto mais próximo se chegasse à frente de batalha, menos se falava e se pensava a respeito da causa dos aliados e do progresso da campanha. Fico feliz que Tolstói registra o mesmo no maior livro já escrito sobre a guerra, e, a seu próprio modo, a *Ilíada* também. Nem a conversão nem o alistamento no exército obliterarão a nossa vida humana. Soldados e cristãos são ainda seres humanos; as ideias do não religioso sobre a vida religiosa, e a do cidadão civil sobre o serviço militar, são delirantes. Em qualquer um dos casos, se você tentar suspender toda a sua atividade intelectual e estética, o único sucesso que você terá é a substituição de uma vida cultural ruim por uma melhor. De fato, você não irá ler nada, tanto na Igreja quanto na linha de frente; se você não lê bons livros, lerá livros ruins. Se você não pensar racionalmente, pensará de forma irracional. Se rejeitar a satisfação estética, cairá em satisfação sensual.

Existe, portanto, essa analogia entre as reivindicações de nossa religião e as reivindicações da guerra:

nenhuma das duas, para a maioria de nós, simplesmente cancelará ou removerá de cena a vida meramente humana que estávamos vivendo antes de entrarmos nelas, mas as duas operarão dessa maneira por razões diferentes. A guerra fracassará em absorver toda nossa atenção por ser um objeto finito e, por isso, intrinsecamente incapaz de suportar toda a atenção de uma alma humana. Para evitar mal-entendidos, devo fazer algumas considerações. Acredito que a nossa causa é, no que diz respeito a causas humanas, muito justa e, portanto, eu acredito que seja nosso dever participar desta guerra. Todo dever é um dever religioso e nossa obrigação de cumprir cada dever é, assim, absoluta. Dessa forma, talvez tenhamos o dever de resgatar um homem que esteja se afogando e, quem sabe, se vivermos numa área litorânea perigosa, de aprender primeiros socorros a fim de estarmos prontos para ajudar, quando necessário, qualquer pessoa que esteja se afogando. É possível que seja nosso dever perder a vida para salvar a vida de outra pessoa, mas qualquer pessoa que se dedica a ser um salva-vidas no sentido de dar a isso sua total atenção — de modo que não pensa nem fala sobre mais nada e exige a cessação de todas as outras atividades humanas até que todos aprendam a nadar — é um monomaníaco. O resgate de pessoas em situação de afogamento é, então, um dever pelo qual vale a pena morrer, mas não viver. Parece-me que todos os deveres políticos (entre os quais incluo o serviço militar) são desse tipo. Um homem poderá ter de morrer por seu país, mas nenhuma pessoa deve, em nenhum sentido exclusivo, viver por seu país. Aquele que se entrega sem reservas às reivindicações temporais de uma nação, ou de um partido, ou de uma classe, estará entregando a César aquilo que, acima de tudo, pertence da forma mais enfática possível a Deus; estará entregando a sua própria pessoa.

Entretanto, é por outra razão que a religião não pode ocupar o todo da vida no sentido de excluir todas as atividades naturais, pois é claro que, em certo sentido, deve ocupar a vida como um todo. Não há dúvida sobre uma acomodação entre as reivindicações de Deus e as reivindicações da cultura, da política, ou de qualquer outra coisa. A exigência de Deus é infinita e inexorável. Você pode recusá-la ou começar a tentar cumpri-la. Não existe caminho intermediário. Apesar disso, está claro que o cristianismo não exclui nenhuma das atividades humanas normais. O apóstolo Paulo diz às pessoas que vivam normalmente cumprindo suas tarefas. Ele até mesmo presume que cristãos compareçam a jantares e, o mais surpreendente, jantares patrocinados por pagãos. Nosso Senhor comparece a uma celebração de casamento e providencia vinho a partir de um milagre. Sob a proteção de sua Igreja, e na maioria dos séculos cristãos, o aprendizado e as artes floresceram.

A solução para esse paradoxo, claro, é bem conhecida. "Assim, quer vocês comam, bebam ou façam qualquer outra coisa, façam tudo para a glória de Deus."

Todas as nossas atividades naturais serão aceitas, se forem oferecidas a Deus, mesmo a mais humilde delas; e todas elas, mesmo as mais nobres, serão pecaminosas se não forem dedicadas a Deus. Não é que o cristianismo simplesmente substitui nossa vida natural por uma nova vida; é antes uma nova organização que cultiva esses materiais naturais para seus próprios fins sobrenaturais. Não há dúvida de que, em dada situação, ele exige a entrega de algumas, ou de todas, as nossas aspirações meramente humanas; é melhor ser salvo com um só olho do que, tendo os dois, ser lançado no Geena. Contudo, ele faz isso, em certo sentido, *per accidens* [por acidente] — porque naquelas circunstâncias especiais deixou de ser possível realizar esta ou aquela atividade para a glória de Deus. Não há discordância essencial alguma entre vida espiritual e as atividades humanas em si. Assim, a onipresença da obediência a Deus na vida cristã é, de certo modo, comparável à onipresença de Deus na dimensão espacial. Deus não preenche o espaço como um corpo o faz, no sentido de que diferentes partes dele estariam em diferentes partes do espaço, excluindo outros objetos. Ainda assim, ele está em toda parte — completamente presente em cada ponto do espaço — segundo bons teólogos.

Estamos agora em condições de responder à perspectiva de que a cultura humana é uma futilidade inexcusável da parte de criaturas incumbidas dessas terríveis responsabilidades, como nós. Rejeito imediatamente a noção que predomina na mente de algumas pessoas modernas de que atividades culturais são por si só espirituais e meritórias — como se eruditos e poetas fossem intrinsecamente mais agradáveis a Deus do que catadores de lixo e engraxates. Creio que foi Matthew Arnold quem primeiro usou o termo inglês *spiritual* no sentido do alemão *geistlich*, inaugurando assim esse erro perigosíssimo e muito anticristão. Devemos nos livrar completamente dessa mentalidade. A obra de Beethoven e o trabalho de uma faxineira se tornam ambas espirituais precisamente na mesma condição, de serem oferecidas a Deus, de serem realizadas de maneira humilde "como para o Senhor". Isso não significa, é claro, que seja mera questão de sorte para cada um, se irá varrer salas ou compor sinfonias. Uma toupeira precisa cavar para a glória de Deus e um galo deve cantar. Somos membros de um corpo, mas membros diferentes, cada um com a sua vocação. A educação de uma pessoa, seus talentos, suas circunstâncias, são geralmente um indicador aceitável de sua vocação. Se nossos pais nos mandaram para Oxford, se nosso país nos permite permanecer aqui, essa é uma evidência *prima facie* de que a vida que, em todo caso, é a melhor que podemos viver para a glória de Deus no presente, é a vida acadêmica. Ao dizer que podemos viver para a glória de Deus, não quero dizer, é claro, que devamos fazer com que qualquer das nossas tentativas de pesquisa intelectual deva redundar em conclusões edificantes. Isso seria o mesmo que, como diz Bacon, oferecer ao autor da verdade o sacrifício impuro de uma mentira. Refiro-me à busca pelo conhecimento e pela beleza num sentido que seja pela própria busca em si, mas num sentido que não exclua que seja também para Deus. Existe um apetite para essas coisas na mente humana, e Deus não faz nenhum apetite em vão. Podemos, dessa forma, buscar o conhecimento como tal, e a beleza como tal, com a confiança inabalável de que ao fazer isso estaremos progredindo em nossa própria visão de Deus, ou indiretamente ajudando outros a fazer o mesmo. A humildade, não menos que o apetite para essas coisas, nos encoraja a concentrar simplesmente no conhecimento ou na beleza, não nos preocupando em demasia com sua relevância final para a visão de Deus. Essa relevância pode não ser destinada a nós, mas a quem é melhor do que nós — para as pessoas que vêm depois e encontram o significado espiritual daquilo que desenterramos em obediência cega e humilde à nossa vocação. Esse é o argumento teleológico de que a existência do impulso e da capacidade prova que eles devem ter uma função apropriada no esquema de Deus — o argumento com o qual Tomás de Aquino demonstra que a sexualidade existiria mesmo sem a Queda. A robustez do argumento, no que diz respeito à cultura, é comprovada pela experiência. A vida intelectual não é o único caminho para Deus, nem mesmo o mais seguro, mas descobrimos ser um caminho, e poderá ser o caminho destinado a nós. É verdade que isso será assim somente enquanto mantivermos o impulso puro e desinteressado. Essa é a grande dificuldade. Como diz o autor de *Theologia Germanica*, podemos nos tornar amantes do conhecimento — *nosso* conhecimento — mais do que da coisa conhecida; ter prazer não no exercício de nossos talentos, mas no fato de que são nossos, ou mesmo na reputação que eles nos trazem. Cada sucesso na vida do estudioso aumenta esse perigo. Se isso se tornar irresistível, ele deverá desistir de seu trabalho acadêmico. O momento de arrancar o olho direito terá chegado.

O PERIGO DE APONTAR FALHAS NOS OUTROS

Deus no banco dos réus

(do capítulo intitulado "O problema de fulano...")

Suponho que sete em cada dez dos que leem estas palavras enfrentam algum tipo de dificuldade com relação a um outro indivíduo da espécie humana. Seja alguém no trabalho ou no lar, seja o patrão ou o funcionário, sejam as pessoas com quem se divide a casa ou aquelas em cuja casa se habita, sejam sogros, pais ou filhos, seja a esposa ou o marido — alguém está dificultado sua vida mais do que o necessário nestes últimos dias. Nós não costumamos mencionar estas dificuldades (especialmente as domésticas) para estranhos. Porém, às vezes fazemos isso. Um colega nos pergunta por que estamos tão mal-humorados, e a verdade nos escapa.

Em tais ocasiões, o colega geralmente diz: "Mas por que você não conversa com ela? Por que você não se abre com sua esposa (ou seu marido, ou seu pai, ou sua filha, ou seu chefe, ou seu proprietário do imóvel ou seu inquilino)? As pessoas costumam ser razoáveis. Você só precisa fazer com que elas enxerguem as coisas sob o ângulo certo. Explique de uma maneira sensata, tranquila, amigável." E nós, independentemente do que respondamos, lá no fundo pensamos com tristeza: "É porque ele não conhece fulano." Nós conhecemos. Nós sabemos como é absolutamente impossível fazer com que ele dê lugar à razão. Nós já tentamos até cansar; ou, então, nunca tentamos por estar cientes, desde o início, de que seria em vão. Sabemos que, se procurarmos "nos abrir com fulano", uma das seguintes coisas acontecerá: ou haverá "drama"; ou fulano nos olhará com completo espanto e dirá: "Não faço a mínima ideia do que você está falando"; ou (o que talvez seja a pior alternativa) fulano concordará conosco e prometerá mudar de atitude — porém, no dia seguinte, será exatamente o mesmo de antes.

Você sabe que qualquer tentativa de conversar com essa pessoa será frustrada pela antiga e fatal falha existente no caráter dela. Além disso, ao olhar para trás, você se lembra de como todos os seus planos sempre foram frustrados por essa falha fatal — pelo incurável ciúme, ou pela preguiça, ou pelo melindre, ou pela confusão, ou pelo autoritarismo, ou pela irritabilidade, ou pela inconstância de fulano. Até certa idade, você talvez tenha nutrido a ilusão de que alguma felicidade externa — uma melhoria na saúde, um aumento no salário, o fim da guerra — resolveria sua dificuldade. Mas agora você sabe que não é assim. A guerra acabou, e você percebe que, mesmo se as outras coisas acontecessem, fulano ainda seria fulano, e você continuaria enfrentando o mesmo problema de sempre. Mesmo se ficasse milionário, seu marido continuaria sendo opressor, sua esposa continuaria sendo implicante, seu filho continuaria bebendo ou sua sogra continuaria morando com você.

É um grande passo entender que é assim que as coisas funcionam e enfrentar o fato de que, mesmo se todos os fatores externos contribuíssem, a verdadeira felicidade ainda dependeria do caráter das pessoas com quem temos de viver — e não podemos modificar o caráter delas. Agora vem a questão. Ao passar por isso, temos, pela primeira vez, um vislumbre de como deve ser para Deus. Afinal, naturalmente, é a este tipo de coisa (de certa forma) que o próprio Deus se opõe. Ele providenciou um mundo belo e abundante para as pessoas viverem. Ele lhes deu inteligência para entender como este mundo pode ser usado e consciência para saber como ele deve ser usado. Deus idealizou as coisas de que as pessoas necessitam para a vida biológica (comida, bebida, descanso, sono, exercício) de modo a serem prazerosas. E, após tudo isso, vê todos os seus planos sendo arruinados — assim como nossos pequenos planos são arruinados — pela perversão delas. Tudo aquilo que ele lhes deu para que fossem felizes é transformado em ocasião para brigas, ciúmes, excessos, acúmulos e parvoíces.

Talvez você diga que a situação é muito diferente para Deus, pois ele poderia, se quisesse, alterar o caráter das pessoas, ao passo que nós não temos este poder. No entanto, esta diferença não é tão profunda quanto poderíamos imaginar a princípio. Deus estabeleceu como regra para si que não modificaria o caráter das pessoas à força. Ele o pode fazer e o fará somente se elas o permitirem, verdadeiramente limitando, deste modo, seu poder. Às vezes, nós nos perguntamos por que ele fez isso ou até mesmo gostaríamos que ele não o tivesse feito. Mas, ao que tudo indica, ele acha que vale a pena. Ele prefere ter um mundo de seres livres, com todos os riscos que isto implica, a um mundo de pessoas que agem corretamente como máquinas pelo simples motivo de serem incapazes de agir de outra maneira. Quanto mais conseguimos imaginar como seria um mundo de seres automáticos perfeitos, mais, creio eu, enxergamos a sabedoria dele.

Eu afirmei que, quando todos os nossos planos são arruinados pelo caráter das pessoas com as quais temos de lidar, estamos, "em *certo* sentido", vendo como esta situação deve ser para Deus. Mas apenas em certo sentido. Há dois aspectos em que o ponto de vista de Deus é muito diferente do nosso. Em primeiro lugar, ele vê (como você) que todas as pessoas em sua casa ou no seu trabalho são, em graus variados, inadequadas ou difíceis; mas, ao olhar para essa mesma casa, essa mesma fábrica ou esse mesmo escritório, ele vê mais uma pessoa com o mesmo problema — uma pessoa que você mesmo não vê. Refiro-me, é claro, a você mesmo. Este é o grande passo seguinte na sabedoria: perceber que você também é exatamente esse tipo de gente. Você também tem uma falha fatal em seu caráter. Todas as esperanças e planos dos demais foram frustrados repetidas vezes pelo seu caráter, assim como suas esperanças e planos foram arruinados pelo caráter deles.

Não é bom, de modo algum, minimizar essa realidade com uma confissão geral e vaga, do tipo: "É claro, eu sei que tenho falhas." É importante perceber que há uma falha realmente fatal em você, algo que provoca nos demais o mesmo sentimento de *desespero* gerado pelas falhas deles. E ela é quase certamente algo que você desconhece — assim como aquilo que os anúncios chamam de "halitose": todos notam, menos o próprio indivíduo. Mas por que, talvez você me pergunte, os outros não lhe contaram? Acredite em mim: eles tentaram contar muitas vezes, mas você não conseguiu "aceitar". Talvez uma boa medida daquilo que você chama de "implicância", "mau humor" ou "estranheza" da parte deles seja apenas tentativas de fazê-lo ver a verdade. Além disso, você não conhece a fundo nem mesmo as falhas de que já tem consciência. Você diz: "Admito que perdi a cabeça ontem à noite", mas os outros sabem que você sempre faz isso; que é, de modo geral, alguém mal-humorado. Você diz: "Admito que bebi muito sábado passado", mas todos os demais sabem que você é um bêbado habitual.

Esse é um aspecto em que o ponto de vista de Deus difere do meu. Ele vê o caráter de todos; eu vejo o de todos, exceto o meu. Porém, a segunda diferença é esta: ele ama as pessoas apesar de suas falhas. Ele não deixa de amá-las. Ele não as abandona. E não venha me dizer: "Para ele é fácil, pois não tem de conviver com elas." Ele tem, sim. Ele está tanto dentro quanto fora delas. Ele está *com* elas de modo muito mais íntimo, próximo e incessante do que jamais poderemos estar. Cada pensamento vil na mente das pessoas (e na nossa), cada momento de maldade, inveja, arrogância, ganância e presunção confrontam seu amor paciente e intenso e entristecem seu espírito mais do que o nosso.

Quanto mais pudermos imitar Deus em ambos esses aspectos, mais progresso faremos. Devemos amar mais o indivíduo que nos causa problema e aprender a olhar para nós mesmos como pessoas exatamente iguais. Alguns consideram mórbida a atitude de estar sempre pensando nas próprias falhas. Isso seria bem verdade se a maioria de nós conseguisse parar de pensar nas próprias falhas sem imediatamente começar a pensar nas falhas dos outros. Infelizmente, *gostamos* de pensar nas falhas dos outros; e, no sentido apropriado da palavra "mórbido", este é o prazer mais mórbido do mundo.

Nós não gostamos de receber limites, mas sugiro uma forma de limite que deveríamos impor a nós mesmos: devemos abster-nos de pensar sobre as falhas dos outros, a menos que nossos deveres como professor ou pai tornem necessário fazê-lo. Sempre que esses pensamentos impróprios surgirem, por que não simplesmente afastá-los e pensar, em vez disso, em nossas próprias falhas? Afinal, neste caso, com a ajuda de Deus, é *possível* fazer algo. De todas as pessoas inadequadas em sua casa ou em seu trabalho, existe apenas uma que você pode melhorar muito. Esse é o fim prático do qual devemos partir. E é melhor que o façamos. Teremos de lidar com isso algum dia e, quanto mais adiarmos a tarefa, mas difícil será começar.

Qual é a alternativa, afinal? Vemos com clareza que nada, nem mesmo Deus com todo o seu poder, pode fazer alguém realmente feliz enquanto o indivíduo continuar sendo invejoso, egoísta e maldoso. Tenha certeza de que há algo dentro de nós que, a menos que seja alterado, é capaz de tirar do alcance de Deus o poder de evitar que sejamos eternamente infelizes. Enquanto este algo permanecer aqui, não poderá haver céu para nós, da mesma maneira que não pode haver bons aromas para alguém resfriado nem música para o surdo. Não é uma questão de Deus nos "mandar" para o inferno. Em cada um de nós, há algo crescendo que, em si mesmo, será o *inferno* a menos que seja arrancado pela raiz. O assunto é sério. Coloquemo-nos nas mãos dele de uma vez por todas — hoje mesmo, agora mesmo.

VIVENDO HOJE NA EXPECTATIVA DA SEGUNDA VINDA AMANHÃ

A última noite do mundo

(do capítulo intitulado "A última noite do mundo")

A doutrina da Segunda Vinda nos ensina que não sabemos e não podemos saber quando o drama do mundo terminará. A cortina pode descer a qualquer momento: digamos, antes de você terminar de ler este parágrafo. Isso parece, para algumas pessoas, intoleravelmente frustrante. Tantas coisas seriam interrompidas. Talvez você fosse se casar no próximo mês, talvez você fosse receber um aumento na próxima semana; você pode estar próximo de uma grande descoberta científica; você pode estar amadurecendo grandes reformas sociais e políticas. Certamente, nenhum Deus bom e sábio seria tão irracional a ponto de cortar tudo isso em breve? Não *agora*, entre tantos momentos!

Mas pensamos assim porque continuamos assumindo que conhecemos a peça. Nós não conhecemos a peça. Nós nem sequer sabemos se estamos no ato I ou no ato V. Não sabemos quem são os personagens principais e quem são os secundários. O Autor sabe. O público, se houver um público (se anjos, arcanjos e toda a companhia do céu encherem o poço da orquestra e as primeiras filas), pode ter um pressentimento. Mas nós, nunca vendo a peça do lado de fora, nunca encontrando nenhum personagem exceto a minúscula minoria que está "escalada" para as mesmas cenas que nós, totalmente ignorantes do futuro e muito mal informados sobre o passado, não podemos dizer em que momento o fim deverá vir. Que virá quando for necessário, podemos ter certeza; mas perdemos nosso tempo adivinhando quando isso será. Que isso tenha um significado, podemos ter certeza, mas não podemos vê-lo. Quando acabar, poderemos dizer. Somos levados a esperar que o Autor tenha algo a dizer a cada um de nós sobre o papel que cada um de nós desempenhou. Atuar bem é o que infinitamente importa.

A doutrina da Segunda Vinda, portanto, não deve ser rejeitada porque conflita com nossa mitologia moderna favorita. Deve ser, por isso mesmo, ainda mais valorizada e mais frequentemente ser tema de meditação. É o remédio que nossa condição especialmente precisa.

E com isso, volto para o aspecto prático. Há uma dificuldade real em dar a essa doutrina o lugar que ela deveria ter em nossa vida cristã sem, ao mesmo tempo, correr certo risco. O medo desse risco provavelmente impede muitos professores que aceitam a doutrina de falar muito sobre ela.

Devemos admitir imediatamente que essa doutrina, no passado, levou os cristãos a tolices muito grandes. Aparentemente, muitas pessoas acham difícil crer nesse grande evento sem tentar adivinhar sua data, ou mesmo sem aceitar como certeza a data que qualquer charlatão ou histérico lhes oferece. Escrever uma história de todas essas previsões reprovadas requereria um livro e que livro triste, sórdido e trágico ele seria. Uma dessas previsões estava circulando quando Paulo escreveu sua segunda carta aos tessalonicenses. Alguém lhes disse que "o dia" já havia "chegado". Aparentemente, gerou o resultado que tais previsões costumam gerar: as pessoas estavam ociosas e se portando como intrometidas. Uma das previsões mais famosas foi a do pobre William Miller em 1843. Miller (que considero ser um fanático honesto) datou a Segunda Vinda em ano, dia e até minuto. Um cometa oportuno fomentou a ilusão. Milhares esperaram pelo Senhor à meia-noite de 21 de março e foram para casa para um café da manhã tardio no dia 22, seguido pelas vaias de um bêbado.

Claramente, ninguém deseja dizer algo que desperte essa histeria em massa. Nunca devemos falar com pessoas simples e voláteis sobre "o Dia" sem enfatizar repetidas vezes a total impossibilidade de predição. Devemos tentar mostrar-lhes que essa impossibilidade é parte essencial da doutrina. Se você não crê nas palavras de nosso Senhor, por que você crê em seu retorno? E, se você crê nelas, não deveria deixar de lado, completamente e para sempre, qualquer esperança de datar esse retorno? O ensinamento do Senhor sobre o assunto consistia claramente em três proposições: (1) que ele certamente retornaria; (2) que não podemos descobrir quando; (3) e que, portanto, devemos estar sempre prontos para ele.

Observe o *portanto*. Precisamente porque não podemos predizer o momento, devemos estar prontos em todos os momentos. Nosso Senhor repetiu essa conclusão prática vez após vez, como se a promessa do Retorno tivesse sido feita apenas com vistas a essa conclusão. "Vigie, vigie" é o encargo de seu conselho. "Eu devo vir como um ladrão. Você não vai, eu mais do que solenemente garanto que você não vai notar minha aproximação. Se o dono da casa soubesse a que horas o ladrão chegaria, estaria pronto para ele. Se o serviçal soubesse quando seu empregador ausente voltaria para casa, ele não teria sido encontrado bêbado na cozinha. Mas eles não sabiam. Nem você saberá. Portanto, você deve estar pronto em todos os momentos."

A ênfase é certamente bastante simples. O estudante não sabe qual parte de sua lição sobre Virgílio ele terá de traduzir: é por isso que ele deve estar preparado para traduzir *qualquer* passagem. A sentinela não sabe a que horas um inimigo atacará, ou que um oficial inspecionará seu posto: é por isso que ele deve ficar acordado *todo* o tempo. O Retorno é totalmente imprevisível. Haverá guerras e rumores de guerras e todo tipo de catástrofes, como sempre houve. As coisas serão, nesse sentido, normais na hora que precederá os céus se enrolarem como um pergaminho. Você não tem como adivinhar. Se você pudesse, um propósito principal para o qual foi previsto seria frustrado. E os propósitos de Deus não são tão facilmente frustrados assim. Os ouvidos devem ser fechados com antecedência contra qualquer futuro William Miller. A loucura de ouvi-lo é quase igual à loucura de acreditar nele. Ele *não* podia saber que fingia, ou pensava, saber.

Sobre essa loucura, George MacDonald escreveu bem: "Aqueles", pergunta ele, "que dizem: 'Eis aqui ou eis ali sinais de sua vinda', pensam estar ansiosos demais por ele e investigam sua aproximação? Quando ele lhes diz para vigiar a fim de que não os ache negligenciando seu trabalho, eles olham de um lado para o outro, e vigiam para que ele não tenha sucesso em vir como um ladrão! Obediência é a chave da vida".

A doutrina da Segunda Vinda terá fracassado, no que nos diz respeito, se não nos fizer perceber que a cada momento de cada ano em nossa vida a pergunta de Donne — "E se a presente fosse a última noite do mundo?" — é igualmente relevante.

Às vezes, essa questão tem sido incutida em nossa mente com o propósito de provocar medo. Eu não acho que esse seja seu uso correto. Estou, de fato, longe de concordar com aqueles que consideram todos os temores religiosos bárbaros e degradantes e exigem que sejam banidos da vida espiritual. "O perfeito amor", nós sabemos, "expulsa o medo". Mas o mesmo acontece com várias outras coisas: ignorância, álcool, paixão, presunção e estupidez. É muito desejável que todos nós avancemos para aquela perfeição de amor na qual não mais tememos; mas é muito indesejável, até chegarmos a esse estágio, que permitamos que qualquer agente inferior expulse nosso medo. A objeção a qualquer tentativa de perpétua apreensão sobre a Segunda Vinda é, a meu ver, bem diferente: a saber, que certamente não será bem-sucedida. O medo é uma emoção, e é praticamente impossível — até mesmo fisicamente impossível — manter qualquer emoção por muito tempo. Uma empolgação perpétua de esperança a Segunda Vinda é impossível pela mesma razão. A sensação de crise de qualquer tipo é essencialmente transitória. Os sentimentos vêm e vão, e, quando vêm, pode-se fazer um bom uso deles — eles não podem ser nossa dieta espiritual regular.

O importante não é que devemos sempre temer (ou esperar) o Fim, mas que devemos sempre nos lembrar dele, sempre levá-lo em conta. Uma analogia sobre isso pode ajudar. Um homem de setenta anos não precisa estar sempre sentindo (muito menos falando) sobre a morte que se aproxima, mas um homem sábio de setenta deve sempre levar isso em consideração. Ele seria insensato se embarcasse em esquemas que pressupõem mais vinte anos de vida; ele seria criminalmente tolo se não fizesse — de fato, não ter feito há muito tempo — seu testamento. Agora, o que a morte é para cada homem, a Segunda Vinda é para toda a raça humana. Todos nós acreditamos, suponho, que um homem deve "estar à vontade" em relação à própria vida, deve lembrar-se de quão curta, precária, temporária e provisória ela é; nunca deve dar todo o coração a qualquer coisa que termine quando sua vida terminar. O que os cristãos modernos acham mais difícil lembrar é que toda a vida da humanidade neste mundo também é precária, temporária, provisória.

Qualquer moralista dirá a você que o triunfo pessoal de um atleta ou de uma garota em um baile é transitório — o ponto é lembrar que um império ou uma civilização também são transitórios. Todos os triunfos e conquistas, na medida em que são meramente conquistas e triunfos desse mundo, serão nada no final. Aqui, a maioria dos cientistas se junta aos teólogos: a Terra nem sempre será habitável. O homem, embora tenha uma vida mais longa que os homens, é igualmente mortal. A diferença é que, enquanto os cientistas esperam apenas uma lenta decadência a partir de dentro, nós contamos com uma interrupção súbita de fora — a qualquer momento. ("E se a presente fosse a última noite do mundo?")

Tomadas por si mesmas, essas considerações podem parecer um abrandamento de nossos esforços para o bem da posteridade, porém, se nos lembrarmos de que o que pode vir sobre nós a qualquer momento não é meramente um Fim, mas um Julgamento, elas não devem produzir esse resultado. Elas podem, e devem, corrigir a tendência de alguns modernos de falar como se deveres com a posteridade fossem os únicos deveres que tínhamos. Não posso imaginar homem algum que olhe com mais horror para o Fim do que um revolucionário consciencioso que, sinceramente, justificou crueldades e injustiças infligidas a milhões de seus contemporâneos pelos benefícios que ele espera conferir às gerações futuras, gerações que, como um momento terrível agora revela a ele, nunca existirão. Então, ele verá os massacres, os julgamentos falsos, as deportações, todos inefavelmente reais, como uma parte essencial, sua parte, no drama que acaba de terminar, enquanto a futura Utopia nunca foi nada além de uma fantasia.

A administração frenética de panaceias para o mundo é certamente desencorajada pela reflexão de que "a noite presente" pode ser "a última noite do mundo"; o trabalho sóbrio para o futuro, dentro dos limites da moralidade e da prudência ordinárias, não é. Pois o que vem é o Juízo: felizes são aqueles que ele encontrar trabalhando em suas vocações, quer estivesse apenas saindo para alimentar os porcos ou mesmo preparando bons planos para livrar a humanidade daqui a cem anos de algum grande mal. A cortina de fato agora desceu. Esses porcos nunca serão, de fato, alimentados; a grande campanha contra a Escravidão Branca ou a Tirania Governamental nunca chegará à vitória. Não importa; você estava no seu posto quando a Inspeção chegou.

Nossos ancestrais tinham o hábito de usar a palavra "julgamento", ou "juízo", nesse contexto como se significasse simplesmente "punição, castigo"; daí a expressão popular: "É um julgamento sobre ele". Acredito que às vezes podemos tornar a coisa mais viva para nós mesmos por tomar juízo em um sentido mais estrito: não como a sentença ou prêmio, mas como o Veredito. Algum dia ("E se a presente fosse a última noite do mundo?"), um veredito absolutamente correto — se você quiser, uma crítica perfeita — será dado ao que cada um de nós é.

Todos nós encontramos julgamentos ou vereditos a respeito de nós mesmos nesta vida. De vez em quando, descobrimos o que nossos semelhantes realmente pensam de nós. Não quero dizer, é claro, o que eles nos dizem diante de nós (ao que geralmente temos de dar um desconto). Estou pensando no que às vezes ouvimos por acaso ou nas opiniões sobre nós que nossos vizinhos, funcionários ou subordinados revelam inconscientemente em suas ações, e nos terríveis, ou adoráveis, julgamentos traídos por crianças ou mesmo animais. Essas descobertas podem ser as experiências mais amargas ou as mais doces que temos. Mas é claro que tanto o amargo quanto o doce são limitados por nossa dúvida quanto à sabedoria daqueles que julgam. Sempre esperamos que aqueles que tão claramente nos consideram covardes ou valentões sejam ignorantes e maliciosos; nós sempre tememos que aqueles que confiam em nós ou nos admiram sejam enganados pela parcialidade. Suponho que a experiência do Juízo Final (que pode irromper a qualquer momento) será como essas pequenas experiências, mas elevada à enésima potência.

Pois será um julgamento inevitável. Se for favorável, não teremos medo; se desfavorável, sem esperança de que esteja errado. Nós não apenas acreditaremos, nós saberemos, saberemos além de qualquer dúvida em cada fibra de nosso apavorado ou deleitado ser, que, como o Juiz disse, assim nós somos: nem mais nem menos nem outro. Talvez nos apercebamos que, de alguma forma obscura, poderíamos ter sabido isso o tempo todo. Nós saberemos e toda a criação também saberá: nossos ancestrais, nossos pais, nosso cônjuge, nossos filhos. A verdade irrefutável e (até então) evidente sobre cada um deles será conhecida de todos.

Não acho que imagens de catástrofe física — aquele sinal nas nuvens, aqueles céus enrolados como um pergaminho — ajudem tanto quanto a ideia nua de julgamento. Nem sempre podemos estar empolgados. Podemos, talvez, treinar-nos para perguntar cada vez mais frequentemente como aquilo que estamos dizendo ou fazendo (ou deixando de fazer) a cada momento parecerá quando a luz irresistível fluir sobre ela; aquela luz que é tão diferente da luz deste mundo — e, no entanto, mesmo agora, conhecemos apenas o suficiente dela para levá-la em conta. As mulheres às vezes têm o problema de tentar julgar sob luz artificial como um vestido ficará à luz do dia. Isso é muito parecido com o problema de todos nós: vestir nossa alma não para as luzes elétricas do mundo atual, mas para a luz do dia do vindouro. O bom vestido é aquele que enfrentará essa luz, pois essa luz durará mais.

PERDÃO COMO PRÁTICA NECESSÁRIA

O peso da glória

(do capítulo intitulado "Sobre o perdão")

Dizemos muitas coisas na igreja (e fora da igreja também) sem pensar adequadamente. Por exemplo, declamamos o credo "Eu creio no perdão dos pecados". Recitei isso por muitos anos antes de me perguntar por que estava no credo. À primeira vista, parece não ser muito importante que esteja. "Se alguém é cristão", pensei, "claro que crê no perdão dos pecados. Nem é necessário dizer isso". Mas as pessoas que compilaram o credo pensaram, aparentemente, que isso era uma parte de nossa crença, que dela precisávamos nos lembrar, todas as vezes que íamos à igreja. Comecei então a ver, naquilo que me diz respeito, que eles estavam certos. Crer no perdão dos pecados não é tão fácil assim como eu pensava. Tal crença é o tipo de coisa que muito facilmente sai de cena, se não o mantivermos como algo a ser polido.

Cremos que Deus perdoa os nossos pecados, mas também que ele não o fará a não ser que nós perdoemos os pecados de outras pessoas contra nós. Não existe nenhuma dúvida sobre a segunda parte dessa declaração. É a oração do Senhor (o Pai Nosso); e foi enfaticamente afirmado por Nosso Senhor. Se você não perdoar não será perdoado. Nenhuma parte de seu ensino é mais clara e não há exceções. Não faz parte desta ordem que devemos perdoar os pecados de outras pessoas desde que não sejam muito assustadores, ou desde que não haja circunstâncias atenuantes ou algo desse tipo. A ordem é perdoar a todos, mesmo que sejam maldosos, que sejam perversos, não importa quão frequentes sejam os erros que cometem. Se não, não seremos perdoados de nenhum de nossos pecados.

Agora, parece-me que frequentemente cometemos um erro, tanto sobre o ato de Deus perdoar os pecados que cometemos, quanto sobre o perdão que dizem que devemos oferecer pelos pecados de outras pessoas. Pense primeiro sobre o perdão de Deus. Percebo que quando penso que estou pedindo que Deus me perdoe, estou, na realidade (a não ser que eu esteja me vigiando cuidadosamente), pedindo a ele que faça algo completamente diferente. Não estou pedindo que ele me perdoe, mas que ele aceite minha justificativa. Há, porém, toda a diferença do mundo entre perdoar e dar uma justificativa. O perdão diz: "Sim, você fez isso, mas eu aceito suas desculpas; eu nunca usarei isso contra você, e tudo entre nós dois será exatamente como era antes". Mas a justificativa diz: "Vejo que você não conseguiu evitar ou que não tinha a intenção; você não é o culpado". Se a pessoa não era culpada, então não há nada para ser perdoado. Nesse sentido, o perdão e a justificativa são quase opostos. É claro, em dúzias de casos, seja entre Deus e o ser humano, ou entre um ser humano e outro, pode haver uma mistura dos dois. Parte daquilo que, à primeira vista, pareciam ser os pecados acaba não sendo realmente falha de ninguém e a desculpa é oferecida; a parte que resta é perdoada. Se você tiver uma desculpa perfeita, não precisaria de perdão; se toda a sua ação precisa de perdão, então não havia desculpa para ela, mas o problema é que aquilo que chamamos de "pedir o perdão de Deus" consiste, muito frequentemente, em pedir que Deus aceite nossas desculpas. O que nos leva a cometer esse erro é o fato de que normalmente existe certa parcela de desculpa, algumas "circunstâncias atenuantes". Estamos tão ansiosos em apontar essas coisas a Deus (e a nós mesmos) que seremos capazes de esquecer a coisa realmente importante; isto é, aquilo que restou, a parte que as desculpas não podem cobrir, a parte que é indesculpável, mas, graças a Deus, não é imperdoável. Se esquecermos isso, poderemos sair imaginando que nos arrependemos e fomos perdoados, quando o que na realidade aconteceu é que satisfizemos a nós mesmos com nossas próprias desculpas. Podem ser desculpas muito ruins; ficamos muito facilmente satisfeitos conosco mesmos.

Existem dois remédios para esse perigo. Um deles é que Deus conhece todas as desculpas reais muito melhor do que nós. Se existirem realmente "circunstâncias atenuantes", não há o temor de que ele deixará de notá-las. Frequentemente, Deus conhece muitas desculpas nas quais nunca havíamos pensado e, assim, almas humildes terão depois da morte a agradável surpresa de descobrir que, em certas ocasiões, pecaram muito menos do que pensavam. Ele terá todas as desculpas reais. Aquilo que nós temos de levar a ele é a parte indesculpável, o pecado. Estamos unicamente desperdiçando o nosso tempo ao falar sobre todas as partes que podem (pensamos) ser desculpadas. Quando vai ao médico, você mostra a ele a parte que está errada — por exemplo, um braço quebrado. Seria unicamente um desperdício de tempo ficar explicando para ele que suas pernas, olhos e garganta estão todos bem. Você poderá estar errado ao pensar desse jeito e, de qualquer forma, se de fato eles estiverem bem, o médico saberá.

O segundo remédio é real e verdadeiramente crer no perdão dos pecados. Grande parcela de nossa ansiedade ao buscar desculpas vem de não crermos realmente, de pensar que Deus não vai nos tomar de volta para ele, a não ser que fique provado para ele que algum tipo de caso pode ser apresentado a nosso favor, mas isso jamais seria perdão. O verdadeiro perdão significa olhar firmemente para o pecado, para o pecado que ficou sobrando sem nenhuma desculpa, depois que todas as concessões foram feitas, e vendo isso em toda sua repulsa, sujeira, maldade e malícia, ainda assim ser completamente reconciliado com a pessoa que o tiver praticado. Isso, e somente isso, é perdão, e podemos sempre ter da parte de Deus, se o pedirmos.

Quando chegamos à questão de perdoarmos outras pessoas, será algo parcialmente parecido e parcialmente diferente. É a mesma coisa porque, também neste caso, perdoar não significa desculpar. Muitas pessoas parecem pensar que sim. Pensam que, se você pedir que elas perdoem alguém que os tenha traído ou intimidado, você está tentando sugerir que não aconteceu realmente nenhuma traição ou intimidação. Contudo, se isso fosse assim, não haveria nada para perdoar, e elas continuam respondendo: "Mas eu digo que esse homem quebrou uma promessa muito solene". E é isso mesmo o que você precisa perdoar. (Isso não implica que você tenha de crer necessariamente em sua próxima promessa. Não significa que você deva fazer todos os esforços para mortificar cada gostinho de ressentimento em seu coração — cada desejo seu de humilhar, de machucar ou de se vingar dele.) A diferença entre essa situação e aquela em que você está pedindo pelo perdão de Deus é essa.

Quando somos nós os ofensores, aceitamos desculpas muito facilmente; no caso de outras pessoas, não as aceitamos com a mesma facilidade. Quanto a meus próprios pecados, seria seguro apostar (ainda que não uma certeza) que as desculpas não são realmente tão boas quanto eu penso; no que diz respeito a outras pessoas, já que contra mim é uma aposta segura (ainda que não uma certeza), que as desculpas são melhores do que eu penso. É preciso começar, portanto, por dar atenção a tudo que possa mostrar que o outro homem não era tão culpável assim como pensávamos, mas mesmo que ele for absolutamente cheio de culpa, ainda temos de perdoá-lo; e mesmo se noventa e nove por cento de sua culpa aparente puder ser justificada com realmente boas desculpas, o problema do perdão começa com o um por cento de culpa que restou. Ser um cristão significa perdoar o indesculpável, porque Deus perdoou o indesculpável em você.

Isso é difícil. Talvez não seja difícil perdoar uma única e grande ofensa, mas como perdoar — e continuar perdoando, a sogra mandona, o marido intimidador, a esposa irritante, a filha egoísta, o filho enganador — as provocações incessantes da vida diária? A única possibilidade, em minha opinião, é lembrar a nossa posição, ao manter o significado das palavras que pronunciamos quando dizemos em nossas orações todas as noites: "Perdoa as nossas dívidas, assim como perdoamos aos nossos devedores". Não há outros termos em que Deus nos oferece o perdão. Recusá-lo seria o mesmo que recusar a misericórdia de Deus para nós mesmos. Não há nenhuma indicação de exceções e Deus mantém sua palavra.

NEGAR E AMAR A SI MESMO

Deus no banco dos réus

(do capítulo intitulado "Dois caminhos para 'eu'")

Acredita-se que a abnegação esteja — e, de fato, está — muito próxima do cerne da ética cristã. Quando Aristóteles enaltece determinado tipo de amor-próprio, podemos sentir, apesar das cuidadosas distinções que ele faz entre o *Philautia*[1] legítimo e o ilegítimo, que aqui encontramos algo essencialmente subcristão. É mais difícil, entretanto, determinar o que achamos do capítulo *De la douceur envers nous-mêsmes*,[2] de São Francisco de Sales, no qual somos proibidos de nutrir ressentimento até mesmo contra nós mesmos e aconselhados a reprovar nossas próprias falhas *avec des remonstrances douces et tranquilles*,[3] sentindo mais compaixão do que paixão. No mesmo espírito, Juliana de Norwich recomenda-nos ser "amorosos e pacíficos", não só com relação a nossos "semelhantes cristãos", mas também a "nós mesmos".[4] Mesmo o Novo Testamento manda-nos amar o próximo como a nós mesmos,[5] o que seria um mandamento horrível caso de odiar-nos. Contudo, nosso Senhor também diz que um verdadeiro discípulo deve "odiar a própria vida".[6]

Não devemos explicar essa aparente contradição afirmando que o amor-próprio é certo até determinado ponto e errado ao ultrapassar esse limite. Não se trata de uma questão de grau. Há dois tipos de ódio próprio que se parecem muito em seus estágios iniciais, mas um dos quais está errado desde o início, e o outro certo em seu fim. Quando Shelley fala sobre o desprezo próprio como fonte de crueldade ou quando um poeta posterior diz que não consegue tolerar o homem "que odeia seu próximo como a si mesmo", eles se referem a um ódio muito real e não cristão contra o eu que é capaz de tornar diabólico um homem cujo egoísmo comum teria deixado ser (pelo menos, por um momento) meramente animal. O economista ou psicólogo calejado de nossa época, reconhecendo a "corrupção ideológica" ou a motivação freudiana em sua própria composição, não necessariamente aprende a humildade cristã. Ele talvez chegue àquilo que se chama de "visão inferior" de todas as almas, inclusive da própria alma, que se expressa em cinismo ou em crueldade, ou em ambos. Nem mesmo os cristãos, aceitando certas formas da doutrina da depravação total, estão livres desse perigo. A conclusão lógica do processo é a adoração do sofrimento — dos outros e de si mesmo — que vemos, se é que li corretamente, na obra *Voyage to Arcturus* [Viagem a Arcturus], de David Lindsay, ou no vazio extraordinário que Shakespeare descreve no final de *Ricardo III*. Ricardo, em sua angústia, tenta voltar-se ao amor-próprio. No entanto, ele "enxergou além" de todas as emoções por tanto tempo, que "enxergou além" até mesmo desta. Ela se torna uma mera tautologia: "Ricardo ama Ricardo; isto é, eu sou eu."[7]

Ora, o eu pode ser considerado de duas maneiras. Por um lado, é criatura de Deus, motivo de amor e regozijo; mesmo que no presente, porém, encontre-se em condição detestável, apenas digno de pena e necessitado de cura. Por outro lado, é aquele eu, dentre todos os outros, chamado *eu* — que, por este motivo, faz uma reivindicação irracional de preferência. Esta reivindicação deve ser não apenas odiada, mas simplesmente eliminada; sem "nunca", conforme disse George MacDonald, "poder receber um momento sequer de trégua da morte eterna". O cristão deve travar uma guerra interminável contra o clamor do *ego* como *ego*, embora ame e aprove o eu propriamente dito, salvo seus pecados. O mesmo amor-próprio que ele tem de rejeitar é, para ele, uma amostra de como deveria se sentir com relação a todos os egos; e ele pode esperar que, quando aprender de verdade (o que dificilmente acontecerá nesta vida) a amar o próximo como a si mesmo, poderá ser capaz de amar a si mesmo como a seu próximo — isto é, com caridade em vez de parcialidade. Aquele outro tipo de ódio próprio, ao contrário, odeia o eu propriamente dito. Ele começa aceitando o valor especial do *eu* pessoal; então, com o orgulho ferido ao descobrir que tal objeto querido é tão decepcionante, procura vingança — primeiro neste mesmo eu, depois em todos os outros. Profundamente egoísta, mas agora com um egoísmo invertido, ele usa o revelador argumento "Eu não poupo a mim mesmo" — com a implicação de que "logo, *a fortiori*, não preciso poupar os outros" — e torna-se como o centurião em Tácito, *toleraverat immitior quia*.[8]

O ascetismo errado atormenta o eu; o ascetismo correto destrói o egoísmo. Devemos morrer diariamente; porém, é melhor amar o eu do que não amar coisa alguma e ter compaixão do eu do que não se compadecer por ninguém.

---

[1] Ética a Nicômaco, livro IX, capítulo 8.
[2] Parte III, capítulo 9, "Of Meekness towards Ourselves", de Introduction to the Devout Life (Lyons, 1609).
[3] "com repreensões brandas e calmas".
[4] Revelações do amor divino, capítulo 49.
[5] Mateus 19:19; 22:39; Marcos 12:31,33; Romanos 13:9; Gálatas v. 14; Tiago 2:8.
[6] Lucas 14:26; João 12:25.
[7] Ricardo III, ato V, cena III, 184.
[8] Anais, livro I, seção XX, verso 14. "Mais implacável porque ele (próprio) o havia suportado".

DÚVIDAS E O DOM DA FÉ

Reflexões cristãs

(do capítulo intitulado
"Religião: realidade ou substituto?")

Em geral, somos tímidos em falar claramente sobre fé como uma virtude. Isso se parece com elogiar a intenção de crer no que você quer crer em face da evidência do contrário: na antiga história, o americano definiu fé como "o poder de crer no que sabemos ser falso". Eu, porém, defino fé como o poder de continuar crendo no que em algum momento honestamente pensamos ser verdade até que razões convincentes para honestamente mudar nossa mente são trazidas diante de nós. A dificuldade de tal continuidade no crer é constantemente ignorada ou mal compreendida nas discussões sobre esse assunto. É sempre assumido que as dificuldades da fé são dificuldades intelectuais, que um homem que em algum momento aceitou certa proposição irá automaticamente continuar crendo nela até que verdadeiras bases para a descrença ocorram. Nada poderia ser mais superficial. Quantos dos calouros que chegam a Oxford vindos de lares religiosos e que perdem seu cristianismo no primeiro ano foram honestamente *dissuadidos* disso? Quantas de nossas súbitas perdas temporárias de fé têm uma base racional que foi examinada em algum momento? Não sei como ocorre com os outros, mas acho que a mera mudança de cenário sempre tende a diminuir minha fé a princípio — Deus é menos crível quando oro em um quarto de hotel do que quando estou na faculdade. A sociedade de incrédulos torna a fé mais difícil mesmo quando eles são pessoas cujas opiniões, sobre qualquer outro assunto, são consideradas inúteis.

Essas flutuações irracionais na crença não são peculiares à crença religiosa. Elas estão acontecendo com todas as nossas crenças durante todo o dia. Você não percebeu isso com os pensamentos sobre a guerra? Alguns dias, é claro, há notícias realmente boas ou notícias realmente ruins, o que nos dá motivos racionais para aumentar o otimismo ou o pessimismo.

Mas todos devem ter experimentado dias em que somos erguidos em uma grande onda de confiança ou mergulhados em uma depressão de ansiedade, embora não haja novos motivos nem para um nem para outro. Claro, uma vez que o estado de espírito está em nós, rapidamente encontramos razões. Dizemos que estávamos "pensando sobre isso", mas é bem evidente que o estado de espírito criou as razões, e não o contrário. Mas há exemplos mais próximos do problema cristão do que esses. Há coisas, digamos, em aprender a nadar ou a escalar, que parecem perigosas e não são. Seu instrutor lhe diz que é seguro. Você tem boas razões, à luz de experiência passada, para confiar nele. Talvez você possa ver por si mesmo, por sua própria razão, que é seguro. Mas a questão crucial é: você será capaz de continuar acreditando nisso quando realmente vir a borda do penhasco abaixo de você ou realmente se sentir sem apoio na água? Você não terá motivos racionais para descrer. São seus sentidos e sua imaginação que atacarão a crença. Aqui, como no Novo Testamento, o conflito não é entre fé e razão, mas entre fé e visão. Podemos enfrentar coisas que *sabemos* ser perigosas se elas não parecerem muito perigosas; nosso problema real frequentemente é com coisas que *sabemos* ser seguras, mas que parecem assustadoras. Nossa fé em Cristo não oscila tanto quando argumentos verdadeiros vêm contra ela como oscila quando ela *parece* improvável — quando o mundo inteiro assume aquele *olhar* desolado que de fato nos diz muito mais sobre o estado de nossas paixões, e até mesmo sobre nossa digestão, do que sobre a realidade.

Quando exortamos pessoas à fé como uma virtude, à intenção estabelecida de continuarem a crer em certas coisas, não as estamos exortando a lutar contra a razão. A intenção de continuar a crer é necessária, pois, embora a razão seja divina, os raciocinadores humanos não são. Uma vez que a paixão tome parte no jogo, sem a assistência da graça, a razão humana tem tanta chance de manter seu domínio sobre verdades já obtidas quanto um floco de neve tem de manter sua consistência na boca de uma fornalha. Os argumentos contra o cristianismo, que nossa razão pode ser persuadida a aceitar no momento de ceder à tentação, são muitas vezes absurdos. A razão pode alcançar verdades; sem fé, ela as reterá apenas enquanto Satanás desejar. Não há nada em que não possamos crer ou descrer. Se desejamos ser racionais — não de vez em quando, mas constantemente —, devemos orar pelo dom da fé, pelo poder de continuar crendo não em franca oposição à razão, mas em franca oposição à luxúria e ao terror e ao ciúme e ao tédio e à indiferença, dos quais razão, autoridade ou experiência, ou todas as três, uma vez nos libertaram para a verdade. Talvez a resposta a essa oração nos surpreenda quando vier, pois não tenho certeza, afinal, se uma das causas de nossa pouca fé nada mais é do que um desejo secreto de que nossa fé não seja muito forte. Existe alguma reserva em nossa mente? Algum medo de como seria se nossa religião se tornasse muito real? Espero que não. Deus nos ajude a todos e nos perdoe.

ENCANTOS E DESAFIOS DA VIDA FAMILIAR

Deus no banco dos réus

(do capítulo intitulado "O sermão e o almoço")

"Então," disse o pregador, "o lar deve ser o alicerce da vida nacional. É ali, no fim das contas, que o caráter é formado. É ali que todos mostramos como realmente somos. É ali que podemos lançar fora os disfarces estafantes do mundo exterior e ser nós mesmos. É ali que nos isolamos do barulho, do estresse, da tentação e da degradação da vida diária em busca de fontes de força e pureza renovadas [...]." Enquanto ele dizia isso, observei que todos os membros da congregação com menos de trinta anos de idade deixaram de lhe dar ouvidos. Até aquele ponto, eles haviam prestado atenção. Agora, ouvia-se o som de tosses e movimentações. Bancos rangiam; músculos relaxavam. O sermão, para efeitos práticos, havia terminado naquele momento; os cinco minutos durante os quais o pregador continuou falando foram um total desperdício de tempo — pelo menos para a maioria.

Eu certamente parei de ouvir; se isso foi desperdício de minha parte, cabe a você julgar. Naquele instante, eu me pus a pensar, e o ponto de partida do meu pensamento foi a pergunta: "Como ele é capaz de dizer isso? Dentre todas as pessoas, como *ele* é capaz?" Afinal, eu conhecia o lar daquele pregador muito bem. Na verdade, eu havia almoçado lá naquele mesmo dia na companhia dele, da esposa, do filho (R.A.F.)[1] e da filha (A.T.E.),[2] os quais estavam de folga. Eu poderia ter escapado da situação, mas a moça sussurrou-me ao ouvido: "Pelo amor de Deus, fique para o almoço se eles o convidarem. É um pouco menos assustador quando temos visitas."

O almoço na casa do vigário quase sempre segue o mesmo padrão. A refeição começa com uma tentativa desesperada dos jovens de puxar uma conversa leve e trivial; trivial não porque a mente deles é trivial (é possível ter uma conversa de verdade com eles a sós), mas porque nunca ousariam dizer em casa aquilo em que realmente estão pensando, a menos que alguém tomado de raiva os obrigasse a dizê-lo. Eles falam durante o almoço apenas como uma forma de manter os pais em silêncio. Porém, fracassam. O vigário, interrompendo com rispidez, muda completamente de assunto. Ele começa a explicar de que maneira a Alemanha precisa ser reeducada. Ele nunca esteve naquele país e nada parece saber a respeito da história alemã ou da língua alemã. "Mas, pai" começa o filho, porém sem prosseguir. Agora a mãe está falando, mas ninguém sabe exatamente quando ela começou. Ela está no meio de uma história complicada sobre como um vizinho a tratou mal certa vez. O relato dura um bom tempo, mas nunca conseguimos saber como ele começou ou como terminou — está sempre no meio. "Mãe, isso não é justo", diz a filha. "A sra. Walker nunca disse...", e a voz do pai brada novamente. Ele agora está falando com o filho sobre a organização da R.A.F. E assim segue o almoço, até que o vigário ou a esposa dizem algo tão absurdo, que um dos filhos finalmente decide objetar e faz questão que sua objeção seja ouvida. A verdadeira mente dos jovens é, finalmente, posta em ação. Eles falam rápido, com impetuosidade e insolência. Os fatos e a lógica estão do seu lado. A reação dos pais, porém, é explodir.

O pai se irrita; a mãe (ó, bendita jogada da rainha doméstica!) "se ofende" — faz o maior drama possível. A filha passa a agir com ironia. O pai e o filho, ignorando um ao outro solenemente, começam a falar comigo. O almoço está arruinado.

A lembrança daquele almoço inquieta-me durante os últimos minutos do sermão. Não estou preocupado, entretanto, com o fato de que a prática do vigário difere do que ele prega. Isso é, sem dúvida, lamentável, mas não vem ao caso. Conforme disse o dr. Johnson, é possível que os preceitos sejam muito sinceros (e, acrescentemos aqui, muito proveitosos) mesmo que a prática seja muito imperfeita; [3]e somente um tolo desprezaria os alertas de um médico acerca da intoxicação alcoólica porque o próprio médico bebe além da conta. O que me preocupa é o fato de o vigário não nos dizer que a vida no lar é difícil e que ela tem, como toda forma de vida, suas próprias tentações e corrupções. Ele fala como se o "lar" fosse uma panaceia, um amuleto mágico destinado a produzir felicidade e virtude. O problema não é que ele é falso, mas tolo. Ele não está falando a partir de sua própria experiência de vida familiar; está reproduzindo automaticamente uma tradição sentimental. Acontece, porém, que ela é uma tradição falsa. É por isso que a congregação parou de ouvi-lo.

Se os mestres desejam trazer o povo cristão de volta à domesticidade — e eu, de minha parte, acredito que as pessoas devem de fato ser trazidas de volta a ela —, a primeira coisa que precisam fazer é parar de contar mentiras sobre a vida no lar e, em vez disso, transmitir um ensinamento realista. Talvez os princípios fundamentais sejam mais ou menos os que apresentarei a seguir.

1. Desde a Queda, nenhuma organização ou modo de vida apresentou a tendência natural de seguir pelo caminho certo. Na Idade Média, algumas pessoas acreditavam que, se fizessem parte de uma ordem religiosa, automaticamente se tornariam santas e

felizes; porém, toda a literatura nativa do período expõe a fatalidade deste erro. No século XIX, algumas pessoas acreditavam que a vida familiar monogâmica automaticamente as tornaria santas e felizes; porém, a literatura antifamiliar selvagem dos tempos modernos — os Samueis Butler, os Gosses, os Shaws — deram a verdadeira resposta para isso. Em ambos os casos, os "desmascaradores" talvez estivessem errados no que tange aos princípios e talvez tenham se esquecido do ditado *abusus non tollit usum*;[4] todavia, estavam absolutamente certos quanto à questão de fato. Tanto a vida familiar quanto a vida monástica eram, muitas vezes, detestáveis, e deve ser observado que os verdadeiros defensores de ambas estão bem cientes dos perigos e isentos de ilusões sentimentais. O autor de *Imitação de Cristo* sabe (melhor do que ninguém) com quanta facilidade a vida monástica pode dar errado. Charlotte M. Yonge deixa bem claro que a domesticidade não é um passaporte para o céu na terra, mas, em vez disso, uma árdua vocação — um mar cheio de pedras escondidas e geleiras perigosas a ser navegado apenas por quem dispõe de uma carta celeste. Este é o primeiro ponto que deve estar absolutamente claro para nós. A família, assim como a nação, pode ser oferecida a Deus, pode ser convertida e redimida; só então ela se torna um canal de bênçãos e graças específicas. Porém, como todas as outras coisas humanas, ela precisa de redenção. Sem redenção, ela só produz tentações, corrupções e sofrimentos. A caridade começa em casa; a ausência dela também.

2. Ao empregar a palavra conversão ou santificação da vida familiar, devemos ter o cuidado de estar nos referindo a algo além da preservação do "amor" no sentido de afeto natural. O amor (neste sentido) não basta. O afeto, diferentemente da caridade, não é causa de felicidade duradoura. Se deixado à sua tendência natural, ele acaba se tornando ganancioso, irritantemente solícito, ciumento, exigente, medroso. Ele sente angústia quando seu objeto está ausente, mas não é retribuído com satisfação especial quando o objeto está presente. Até mesmo à mesa do almoço na casa do vigário, o afeto foi, em parte, a causa da discórdia. O filho teria tolerado com paciência e humor o disparate que o enfureceu se este tivesse vindo de qualquer outro homem sem ser seu pai. É porque ele ainda (de alguma maneira) "se importa", que é impaciente. A esposa do vigário não seria um poço de lamúria e autocomiseração se não (em certo sentido) "amasse" a família; a frustração sem fim da necessidade contínua e implacável que ela tem de empatia, afeto e valorização ajudou a transformá-la no que ela é. Acho que esse aspecto do afeto não é percebido o suficiente pela maioria dos moralistas populares. A avidez por ser amado é algo temeroso. Alguns daqueles que dizem

(quase com orgulho) que vivem só pelo amor acabam vivendo em incessante ressentimento.

3. Devemos perceber a enorme armadilha presente na característica da vida doméstica que, com tanta frequência, é ostentada como sua principal atração. "É ali que nos mostramos como realmente somos; é ali que podemos lançar fora os disfarces e ser nós mesmos." Estas palavras, saídas da boca do vigário, eram muito verdadeiras; ele demonstrou o que elas significam à mesa do almoço. Fora de seu próprio lar, ele se comportava com educação. Ele não teria interrompido qualquer outro jovem da maneira como interrompeu seu filho. Ele não teria, em qualquer outra sociedade, proferido absurdos com tanta segurança acerca de assuntos que ignorava por completo; ou, caso o houvesse feito, teria aceito uma correção de bom grado. A realidade é que ele valorizava o lar como o lugar onde podia "ser ele mesmo" no sentido de menosprezar todos os limites que a humanidade civilizada considerou indispensáveis às relações sociais toleráveis. E isso, creio, é muito comum. O que distingue a conversa doméstica da conversa pública é, sobretudo — e com muita frequência — simplesmente a grosseria. O que distingue o comportamento doméstico costuma ser o egoísmo, a negligência, a incivilidade — e até mesmo a brutalidade. E, muitas vezes, aqueles que louvam a vida doméstica com mais

veemência são os mais ofensivos nesse sentido. Eles a louvam — sempre ficam felizes por chegar em casa, detestam o mundo exterior, não suportam visitas, não se dão ao trabalho de conhecer pessoas e outras coisas do gênero — porque as liberdades a que se entregam no lar tornam-nos inaptos para a sociedade civilizada. Caso praticassem, em outros lugares, o único comportamento que agora consideram "natural", eles seriam simplesmente destroçados.

4. Como, então, as pessoas *devem* se comportar em casa? Se um indivíduo não pode ficar confortável nem baixar a guarda, se não pode relaxar e "ser ele mesmo" em sua própria casa, onde o poderá ser? Este é, confesso, o problema. A resposta é preocupante. Não há *lugar algum* deste lado do céu onde podemos soltar as rédeas em segurança. Nunca será lícito simplesmente "ser nós mesmos" até que "nós mesmos" nos tornemos filhos de Deus. Esta verdade está lá no hino que diz: "Cristão, não busque o repouso". Isso não significa, naturalmente, que a vida doméstica e a sociedade em geral são iguais. Significa que a vida doméstica tem suas próprias regras de educação — um código mais íntimo, mais sutil, mais sensível e, portanto, de certas maneiras, mais difícil do que o código do mundo exterior.

5. Por último, é preciso ensinar que, a fim de que o lar seja um meio de graça, ele deve ser um lugar

de *regras*. Não pode haver uma vida comunitária sem *regula*. Quando não há regras, o que se tem não é liberdade, mas uma tirania inconstitucional (e, muitas vezes, inconsciente) do membro mais egoísta.

Em suma, devemos ora deixar de pregar a domesticidade por completo, ora passar a pregá-la com seriedade. Devemos abandonar encômios sentimentais e começar a dar conselhos práticos sobre a digna, difícil, amável e ousada arte de construir uma família cristã de verdade.

[1] Força Aérea Real.
[2] Serviço Territorial Auxiliar
[3] BOSWELL, James. Life of Johnson. Editado por George Birkbeck Hill. Oxford, 1934, v. IV, p. 397 (2 de dezembro de 1784).

COMO DIFUNDIR A VIDA CRISTÃ INTERIOR

Cristianismo puro e simples
(do capítulo intitulado "A conclusão prática")

Cristo entregou-se e humilhou-se de forma perfeita: perfeita porque ele era Deus, entregou-se e humilhou-se porque era homem. Agora, a crença cristã diz que, se alguém compartilha a humildade e o sofrimento de Cristo de alguma forma, também temos de compartilhar de sua conquista da morte e encontrar nova vida depois de termos morrido, e, nisso, nos tornarmos criaturas perfeitas e perfeitamente felizes. Isso significa muito mais do que simplesmente seguir seus ensinamentos. As pessoas muitas vezes se perguntam quando será dado o próximo passo da evolução — o passo para além do ser humano — mas, na visão cristã, ele já foi dado. Em Cristo, uma nova espécie de ser humano surgiu, e a nova vida que começa com ele deve ser posta dentro de nós.

Como isso deve ser feito? Ora, lembre-se de como adquirimos nossa forma de vida velha e comum. Nós a recebemos dos outros, de nosso pai e de nossa mãe, e de todos os nossos ancestrais, sem o nosso consentimento — e por um processo bastante curioso, que envolve prazer, dor e perigo e que jamais teríamos imaginado. A maioria de nós passou boa parte da infância tentando imaginar como a vida se originou, e algumas crianças, quando lhes foi dito pela primeira vez, não acreditaram — e não as culpo, pois tudo é bem estranho mesmo. Ora, o Deus que inventou esse processo é o mesmo Deus que planeja como o novo tipo de vida — a vida em Cristo — deve ser difundido. Então, não devemos ficar surpresos se ele não for menos estranho. Ele não nos consultou quando inventou o sexo, e tampouco nos consultou quando inventou esse novo processo.

Há três coisas que infundiram a vida de Cristo em nós: o batismo, a fé e a ação misteriosa a que os diferentes cristãos dão nomes diferentes — a Santa Comunhão, a Eucaristia, a Santa Ceia. Esses, pelo menos, são os três métodos mais comuns. Não estou dizendo que não possa haver casos especiais, nos quais ela tenha sido infundida sem um ou mais desses elementos. Não tenho tempo para entrar em casos especiais, e tampouco tenho conhecimento suficiente para isso. Se você estivesse tentando explicar a alguém, em poucos minutos, como chegar a Edimburgo, indicaria os trens; é verdade que ele poderia ir até lá de barco ou de avião, mas você dificilmente pensaria nisso. E não estou entrando no mérito de qual desses três elementos é o mais essencial. Meu amigo metodista iria querer que eu falasse mais sobre a fé e menos (proporcionalmente) sobre os outros dois, mas não vou entrar nessa. Qualquer um que queira ensinar a doutrina cristã vai, na verdade, recomendar que todos os três elementos sejam usados, e isso é suficiente para o nosso presente propósito.

Eu mesmo não consigo entender por que esses elementos deveriam nos conduzir ao novo tipo de vida. Mas até aí, se ninguém tivesse me esclarecido, eu nunca teria visto nenhuma relação entre um prazer físico particular e o nascimento de um novo ser humano neste mundo. Temos de tomar a realidade como ela se apresenta a nós, e não tagarelar sobre como ela deveria ser ou como esperávamos que fosse. Mas, embora eu não entenda por que as coisas são assim, posso lhe dizer por que creio que sejam. Já expliquei por que tenho de crer que Jesus foi (e é) Deus, e parece tão claro quanto qualquer outro fato histórico que a nova vida tenha sido comunicada da maneira como ele ensinou aos seus seguidores. Em outras palavras, creio nisso com base em sua autoridade. Não tenha medo da palavra "autoridade", pois acreditar em coisas com base na autoridade não significa nada mais do que acreditar nelas porque você considera a pessoa que as contou a você confiável. Noventa e nove por cento das coisas nas quais acreditamos são baseadas na autoridade de alguém. Eu acredito que haja um lugar chamado Nova York, apesar de não o ter visto com meus próprios olhos, e não poderia provar por meio de um raciocínio abstrato que tal lugar exista necessariamente. Acredito nele porque pessoas confiáveis me falaram dele. O homem comum acredita no Sistema Solar, em átomos, em evolução e em circulação do sangue com base na autoridade — porque os cientistas dizem que essas coisas existem. Toda e qualquer afirmação histórica sobre a face da Terra é crida com base no princípio de autoridade. Nenhum de nós viu a conquista da Normandia ou a derrota da Invencível Armada. Nenhum de nós poderia prová-las pela lógica pura, da mesma forma que se podem provar coisas na matemática. Acreditamos nelas simplesmente porque pessoas que as viram deixaram relatos escritos sobre esses acontecimentos; ou seja, com base na autoridade. Alguém que duvida da autoridade nos demais assuntos, da mesma forma que as pessoas fazem com aqueles fatos relativos à religião, deveria se contentar em não saber nada de nada.

Mas não se iluda. Não estou estabelecendo o batismo, a fé e a Santa Ceia como práticas que serão suficientes para substituir seus esforços para imitar a Cristo. Sua vida natural é derivada de seus pais; mas isso não significa que ela será mantida se você não fizer nada em prol dela. Você poderá perdê-la por negligência ou poderá pôr um fim a ela cometendo suicídio. Você precisa alimentá-la e cuidar dela; mas lembre-se sempre de que não é você que a está constituindo, ou seja, o que você está fazendo é somente preservar uma vida que recebeu de alguém. Do mesmo modo, um cristão pode perder a vida em Cristo que foi posta nele, e ele tem de esforçar-se para mantê-la. Mas até mesmo o melhor dos cristãos que já viveram não estará agindo por esforço próprio — ele estará apenas alimentando ou protegendo a vida que nunca poderia ter adquirido por esforço próprio. E isso tem consequências práticas, pois, enquanto a vida natural estiver em seu corpo, ela se empenhará em conservar esse corpo. Um corpo vivo não é aquele que nunca se fere, mas aquele que é capaz de curar-se a si mesmo até certo ponto. Semelhantemente, um cristão não é uma pessoa que nunca comete erros, mas uma pessoa capaz de se arrepender e dar a volta por cima, começando tudo de novo depois de todo o tropeço que der — porque a vida em Cristo está dentro dele, curando-o o tempo todo, capacitando-o a imitar (até certo ponto) o tipo de morte voluntária que Cristo, em pessoa, assumiu.

Eis por que o cristão está numa posição diferente de outras pessoas que estão tentando ser boazinhas. Elas esperam que, sendo boas, estejam agradando a Deus, caso ele exista; ou — caso achem que ele não existe — pelo menos esperam merecer a aprovação de homens bons. Mas o cristão acredita que qualquer bem que ele possa fazer venha da vida em Cristo que está dentro dele. Ele não acha que Deus nos amará porque estamos sendo bons, mas que Deus nos tornará bons porque ele nos ama; isso pode ser comparado ao telhado de uma casa de jardim que não atrai os raios do sol porque é brilhante, mas é brilhante porque o sol irradia sobre ele.

E quero deixar bem claro que, quando os cristãos dizem que a vida de Cristo está dentro deles, não estão se referindo simplesmente a algo mental ou moral. Quando eles falam de estar "em Cristo", ou de Cristo estar "neles", essa não é simplesmente uma forma de dizer que eles estejam pensando em Cristo ou tentando imitá-lo. Eles querem dizer que Cristo está realmente operando por meio deles; que toda a massa de cristãos compõe o organismo físico por meio do qual Cristo atua — que nós somos os seus dedos e músculos, as células do seu corpo, e talvez isso explique algumas coisas. Explica por que essa vida nova é difundida não apenas por atos puramente mentais, como a fé, mas também por atos corpóreos, como o batismo e a Santa Ceia.

Não se trata apenas da difusão de uma ideia; trata-se de algo mais parecido com a evolução — um fato biológico ou suprabiológico. Não vale a pena tentar ser mais espiritual do que Deus, pois ele nunca pretendeu que o ser humano fosse uma criatura puramente espiritual; por isso ele usa coisas materiais como pão e vinho para incutir nova vida em nós. Podemos até achar que isso é muito rudimentar e pouco espiritual, mas Deus não acha; ele inventou o ato de comer, ele gosta da matéria. Foi ele mesmo quem a inventou.

Aqui vai outra coisa que costumava me intrigar. Não é terrivelmente injusto que essa nova vida seja confinada a pessoas que ouviram falar de Cristo e foram capazes de crer nele? Mas a verdade é que Deus não nos disse quais são os seus planos sobre as outras pessoas. O que sabemos é que nenhuma pessoa pode ser salva senão por intermédio de Cristo; não sabemos se somente aquelas pessoas que o conhecem podem ser salvas por ele. Mas, nesse meio-tempo, se você está preocupado com as pessoas de fora, a atitude mais insensata que você pode ter é também ficar de fora. Os cristãos são o corpo de Cristo, o organismo por meio do qual ele trabalha. Todo acréscimo a esse corpo permite que ele trabalhe mais. Se você quiser ajudar aqueles que estão do lado de fora, terá de acrescentar sua própria pequena célula ao corpo de Cristo, que é o único que pode ajudá-los. Decepar os dedos de uma pessoa seria uma forma estranha de fazer com que trabalhe mais.

Outra objeção possível é a seguinte: por que Deus aportou sob disfarce neste mundo ocupado pelo inimigo e iniciou uma espécie de sociedade secreta para sabotar o diabo? Por que ele não invade com força total? Será que é porque ele não é forte o suficiente? Bem, os cristãos pensam que ele virá com força total, só não sabemos quando. Mas podemos imaginar o porquê de sua demora. Ele quer nos dar uma chance de aderir ao seu lado de forma voluntária. Não suponho que você e eu teríamos em alta conta um francês que esperasse que os aliados invadissem a Alemanha para só então anunciar que estava do nosso lado. A invasão de Deus é iminente, mas eu me pergunto se as pessoas que pedem para Deus interferir aberta e diretamente no nosso mundo se dão conta do que estão pedindo. Quando isso acontecer, será o fim do mundo. Quando o autor se apresenta no palco é porque a peça acabou. Deus fará a invasão, tudo bem, mas qual é a vantagem de você dizer que está do lado dele apenas quando vir todo o mundo natural se dissolvendo como num sonho ou algo parecido — algo que você nunca imaginou antes — irrompendo com força; algo tão magnífico para alguns e tão terrível para outros, que não reste nenhuma alternativa para qualquer um de nós? Dessa vez Deus virá sem disfarce; algo tão impressionante que causará reações de amor ou horror irresistível a toda criatura. Então, será tarde demais para escolher o seu lado. Não adianta dizer que você decidiu deitar quando já é impossível ficar em pé. Essa já não será hora de escolher; será hora de descobrir de qual lado realmente nós escolhemos ficar, quer tenhamos dado conta disso antes, quer não. A hora é agora, hoje mesmo, neste instante, de escolher o lado certo. Deus está se delongando para nos dar essa chance. E ela tem prazo de validade. É pegar ou largar.

O SIGNIFICADO DA DECLARAÇÃO: "O VIVER É CRISTO"

Present Concerns
[Preocupações atuais: ensaios jornalísticos]

(do capítulo intitulado "Three Kinds of Men"
[Três tipos de homens])

Há três tipos de pessoas no mundo. A primeira classe é composta por aquelas que vivem apenas por amor de si e do próprio prazer, para as quais Humanidade e Natureza não passam de matéria-prima a ser modelada segundo melhor lhes sirva. Na segunda classe estão aquelas que reconhecem algum tipo de reivindicação superior sobre si — a vontade de Deus, o imperativo categórico ou o bem da sociedade — e honestamente procuram limitar sua busca nos confins do que lhes é permitido. São pessoas que tentam, o quanto possível, sujeitar-se às reivindicações mais elevadas, como homens que pagam impostos; contudo, também esperam, como qualquer outro contribuinte, que aquilo que lhes sobra seja o suficiente para dar continuidade à vida. Sua vida está dividida, como a de um soldado ou a de um jovem estudante, em tempos "de desfile" e "fora de desfile", "de escola" e "fora da escola". Contudo, a terceira classe é composta por aquelas pessoas que, como o apóstolo Paulo, podem dizer: "para mim o viver é Cristo".

Pessoas dessa categoria se livraram da prática cansativa de ajustar reivindicações rivais entre o "eu" e Deus pelo simples expediente de rejeitarem toda e qualquer reivindicação do "eu". A velha e egoísta vontade foi invertida, recondicionada e transformada em algo novo. A vontade de Cristo não limita mais a vontade dessas pessoas; antes, é a vontade delas. Por pertencerem a Cristo, tudo que ele tem também lhes pertence, pois elas são dele.

Assim, porque existem três classes, qualquer divisão simples do mundo entre bom e mau é desastrosa. Ela ignora o fato de que membros da segunda classe (a qual a maioria de nós pertence) estão sempre e necessariamente infelizes. De fato, o imposto cobrado pela nossa consciência moral nos deixa com pouco para viver. Enquanto pertencermos a essa classe, sempre sentiremos culpa por não termos pagado o imposto ou penúria por o termos feito. A doutrina cristã de que não há "salvação" por obras feitas segundo a lei moral é um fato da experiência diária. Devemos avançar ou retroceder. Mas não há avanço apenas pelo esforço pessoal. Se o novo eu, a nova vontade, não nascer em nós naturalmente segundo o seu bem-querer, não conseguiremos produzi-lo sinteticamente.

O preço de Cristo é algo, de certa forma, muito mais fácil do que o esforço moral: o preço é desejá-lo. É verdade que o desejo em si está além do nosso poder, exceto pelo seguinte fator: o mundo é feito de tal maneira que, a fim de ajudar-nos a abandonar as próprias satisfações, elas mesmas nos abandonam. A guerra, a tribulação e, então, a velhice nos privam de todas as coisas, uma por uma, em que o eu natural esperava em sua formação. Mendigar é a nossa única sabedoria e, ao final, a necessidade facilita a nossa mendicância.

Mesmo nessa condição, a misericórdia nos receberá.

A ARTE CRISTÃ DE OBTER GLÓRIA

O peso da glória

(do capítulo intitulado "O peso da glória")

Se você perguntar hoje a vinte pessoas boas qual seria para elas a maior das virtudes, dezenove delas responderiam: "Abnegação". Mas se você tivesse perguntado isso a quase qualquer um dos grandes cristãos do passado, ele responderia: "Amor". Você entende o que aconteceu? Um termo de conotação negativa foi substituído por outro positivo, e a importância disso é mais do que filológica. A ideia negativa da abnegação não carrega consigo a sugestão primordial de assegurar coisas para os outros, mas, em vez disso, a de nós mesmos nos privarmos dessas coisas, como se a nossa abstinência, e não a felicidade dos outros, fosse a mais importante questão. Não acredito que essa seja a virtude cristã do amor. O Novo Testamento tem muito a dizer a respeito da autonegação, mas nada sobre ela como um fim em si mesmo. Somos exortados a negar a nós mesmos e a tomar a nossa cruz para que possamos seguir a Cristo; e quase toda a descrição daquilo que finalmente encontraremos, se o fizermos, contém um apelo ao desejo. Se a noção de que o desejo pelo nosso próprio bem, bem como a intensa esperança de experimentá-lo, é uma coisa má que se esconde na maior parte das mentes modernas, proponho que essa noção se insinuou a partir de Kant e dos estoicos e não tem parte na fé cristã. De fato, ao levar em consideração as desavergonhadas promessas de recompensa e a surpreendente natureza das recompensas prometidas nos Evangelhos, parece-nos que o Senhor considera que nossos desejos não são muito fortes, e sim muito fracos. Somos criaturas medíocres, brincando com bebida, sexo e ambição, quando a alegria infinita nos é oferecida, como uma criança ignorante que prefere fazer castelos na lama em meio à insalubridade por não imaginar o que significa o convite de passar um feriado na praia. Nós nos contentamos com muito pouco.

Não deveríamos nos perturbar por causa dos descrentes quando estes dizem que tal promessa de recompensa faz da vida cristã um caso típico de ação mercenária. Existem diferentes tipos de recompensas. Há a recompensa que não possui nenhuma conexão natural com as coisas que você faz para conquistá-la e que é bem estranha aos desejos que devem acompanhar essas coisas. O dinheiro não é a recompensa natural do amor; é por isso que chamamos de mercenário o homem que se casa com uma mulher por causa do dinheiro que ela possui. Contudo, o casamento é uma recompensa apropriada para o verdadeiro amante;

logo, ele não será um mercenário por desejá-lo. Um general que luta bastante para conseguir uma condecoração é um mercenário; o general que luta pela vitória não o é, sendo que a vitória é a recompensa apropriada pela batalha, assim como o casamento é a recompensa apropriada do amor. As recompensas apropriadas não estão simplesmente relacionadas à atividade para a qual são concedidas, mas são a própria atividade em estado de consumação. Existe, ainda, um terceiro caso, muito mais complicado. Sentir prazer na poesia grega é certamente uma recompensa apropriada, e não mercenária, para o aprendizado da língua grega; mas somente aqueles que atingiram o estágio de sentir prazer na poesia grega podem testemunhar, a partir de sua própria experiência, que é assim que funciona. O jovem estudante, no início do estudo da gramática grega, não poderá ter a mesma expectativa de prazer ao ler Sófocles que um adulto conhecedor do grego, da mesma forma que quem ama anseia pelo casamento ou o general pela vitória. Ele terá de começar lutando por boas notas, ou para escapar de punições, ou para agradar os pais, ou, na melhor das hipóteses, na esperança de um bom futuro, que no presente ele é incapaz de imaginar ou desejar. Assim, sua posição se assemelha em parte à do mercenário; a recompensa que irá conquistar, na verdade, será uma recompensa natural e apropriada, mas ele não saberá disso até recebê-la. Claro que ele a receberá gradativamente; a satisfação vai prevalecendo aos poucos sobre o mero trabalho, e ninguém é capaz de indicar um dia ou hora em que uma coisa terminou e a outra começou. Mas é somente à medida que se aproxima da recompensa que ele se tornará apto a desejá-la em si; de fato, o poder de assim desejá-la é em si mesmo uma recompensa.

Em relação ao Céu, o cristão está numa posição muito semelhante à desse jovem estudante. Aqueles que alcançaram a vida eterna na visão de Deus sabem muito bem, sem sombra de dúvida, que isso não é o resultado de mero suborno, mas a própria consumação de seu discipulado terreno. Todavia, nós que ainda não a alcançamos não podemos saber disso da mesma maneira, nem mesmo podemos começar a saber disso de alguma forma, exceto ao continuarmos a obedecer e ao encontrarmos a primeira recompensa de nossa obediência em nosso poder gradativo de desejar a recompensa definitiva. Na proporção em que cresce o desejo, nosso temor, a não ser que seja um desejo mercenário, vai diminuindo e se mostrará, finalmente, um absurdo. Mas, para a maioria de nós, isso provavelmente não acontecerá no espaço de um dia; a poesia substitui a gramática, o evangelho substitui a lei, o anseio transforma a obediência, de modo tão gradual quanto a maré desencalha um navio.

Existe, porém, uma similaridade importante entre o jovem estudante e nós mesmos. Se ele for um jovem de imaginação, é muito provável que ele se satisfaça com os poetas e os romances ingleses adequados à sua idade, algum tempo antes de começar a suspeitar de que a gramática grega irá conduzi-lo a mais e mais prazer desse mesmo tipo. Ele poderá até mesmo negligenciar o estudo do grego para ler Shelley e Swinburne em segredo. Em outras palavras, o desejo ao qual o estudo do grego irá realmente gratificar já existe nele embora esteja ligado a objetos que lhe parecem totalmente desconectados de Xenofonte e dos verbos em grego. De fato, se fomos feitos para o Céu, o desejo pelo nosso lugar apropriado já estará em nós, mas ainda não está associado a seu verdadeiro objeto e parecerá até mesmo como rival daquele objeto. Penso que é isso mesmo que encontramos. Não há dúvida de que existe um ponto em que minha analogia do jovem estudante entra em colapso. A poesia inglesa que ele lê, quando deveria fazer os exercícios da gramática grega, pode ser tão boa quanto a poesia grega para a qual os exercícios o conduzem, de maneira que ao fixar sua atenção em Milton, em lugar de prosseguir até chegar a Ésquilo, seu desejo não é abraçar um falso objeto. No entanto, nosso caso é muito diferente. Se um bem transtemporal e transfinito é o nosso destino real, qualquer outro bem em que nosso desejo se fixa deve ser, em certo sentido, falacioso, e deve testificar, no melhor cenário, apenas uma relação simbólica com aquilo que verdadeiramente trará satisfação.

Ao falar desse desejo por nossa própria pátria longínqua, que já pode ser encontrado em nós mesmos agora, sinto certa timidez. Estou quase cometendo uma indecência ao tentar escancarar o segredo inconsolável em cada um de nós. É um segredo que machuca tanto que você se vinga dele chamando-o de nomes tais como nostalgia, romantismo e adolescência. Esse também é o segredo que nos cutuca com certa doçura quando, em conversa muito íntima, a menção a ele se torna iminente e ficamos meio sem jeito, o que nos faz rir de nós mesmos. É o segredo que não conseguimos esconder e sobre o qual não podemos falar, embora desejemos fazer ambas as coisas. Não conseguimos falar dele, pois é o desejo por algo que de fato nunca apareceu em nossa experiência. Não podemos escondê-lo, pois nossa experiência constantemente o está sugerindo e traímos a nós mesmos como fazem os amantes com a simples menção de um nome. Nossa saída mais comum é chamar isso de beleza e nos comportar como se isso desse um jeito no assunto. A saída proposta por Wordsworth era identificar isso com certos momentos de seu próprio passado, mas isso tudo não passa de trapaça. Se Wordsworth voltasse a esses momentos no passado, ele não teria encontrado a coisa em si, mas somente recordações dela; aquilo de que ele se lembrou seria em si mesmo uma recordação. Os livros ou a música nos quais pensamos que a beleza estava localizada nos trairão, se confiarmos neles; não é que isso estava *neles*, apenas que veio *por meio* deles, e aquilo que veio por intermédio deles era apenas um anseio. Essas coisas — a beleza, a recordação de nosso próprio passado — são boas imagens daquilo que realmente desejamos, mas, se forem confundidas com a coisa em si, tornam-se ídolos mudos, partindo o coração de seus adoradores. Elas não são a coisa em si; são apenas a fragrância de uma flor que nunca encontramos, o eco de uma melodia que nunca ouvimos, notícias de um país que nunca visitamos. Você acha que estou elaborando um encantamento mágico? Talvez esteja; lembre-se, porém, de seus contos de fada. Encantamentos são usados para quebrar a mágica, bem como para induzi-la, e você e eu temos necessidade do encantamento mais forte que se puder achar, a fim de despertar-nos da mágica maligna do mundanismo que está colocada sobre nós há quase cem anos. Quase todo o nosso sistema educacional tem sido direcionado no sentido de silenciar essa tímida e persistente voz interior; quase todas as nossas filosofias modernas têm sido idealizadas para nos convencer de que o bom ser humano pode ser encontrado neste mundo. No entanto, é uma coisa marcante perceber que essas filosofias do progresso ou da evolução criativa, elas mesmas, dão testemunho relutante da verdade de que nosso alvo real se encontra em outro lugar. Quando querem nos persuadir de que o mundo é o nosso lar, observe como eles realizam isso. Começam com a tentativa de convencê-lo de que a Terra pode ser transformada em Céu, abrandando assim a sua sensação de exílio no mundo em seu estado atual. A seguir, eles dizem a você que esse acontecimento feliz está ainda num futuro muito distante, confundindo assim o seu conhecimento de que a pátria não é aqui nem agora. Finalmente, com receio de que o transtemporal possa despertar e estragar todo o evento, eles usam qualquer tipo de retórica disponível para manter longe de seus pensamentos a lembrança de que, mesmo que toda a felicidade prometida pudesse chegar ao ser humano no mundo, ainda assim, cada geração iria perdê-la com a morte, inclusive a última geração, e toda a história se transformaria em nada, nem mesmo uma história, para todo o sempre. Por isso vemos todo o contrassenso que o sr. Shaw põe na fala final de Lilith, e o comentário de Bergson de que o *élan vital* [o impulso vital] é capaz de transpor quaisquer obstáculos, talvez até a morte — como se pudéssemos crer que algum desenvolvimento social ou biológico neste planeta adiasse a senilidade do Sol ou revertesse a segunda lei da termodinâmica.

Seja como for, continuamos cônscios de um desejo que nenhuma felicidade natural é capaz de satisfazer. Mas, existe alguma razão para se supor que a realidade oferece alguma satisfação para isso? "Nem o estar faminto prova que temos pão". Receio, porém, que seja possível demonstrar que isso é um equívoco. A fome física de uma pessoa não prova que ela conseguirá pão; a pessoa poderá morrer de fome numa balsa no meio do Atlântico. Mas certamente a fome de uma pessoa prova que ela é de uma raça em que seu corpo é fortalecido ao ingerir alimento e que ela habita num mundo em que existem substâncias comestíveis. Da mesma maneira, embora eu não creia que (eu gostaria de crer) meu desejo pelo Paraíso prove que eu irei desfrutá-lo, penso que seja uma boa indicação de que tal coisa existe e de que algumas pessoas irão. Um homem poderá amar uma mulher e não a conquistar; mas seria muito estranho se o fenômeno chamado "apaixonar-se" ocorresse num mundo sem sexo.

Aqui, portanto, o desejo se estabelece, ainda errante e incerto quanto a seu objeto e, em grande medida, ainda incapaz de enxergar aquele objeto na direção em que ele realmente repousa. Nossos livros sagrados nos oferecem um depoimento a respeito do objeto que contém, de fato, um teor simbólico. Por definição, o Céu está do lado de fora de nossa experiência, mas todas as descrições inteligíveis devem ser de coisas comuns à nossa experiência. O quadro que as Escrituras fornecem do Céu é, do mesmo modo, tão simbólico quanto o quadro que o nosso desamparado desejo inventa para si. O Céu não está realmente cheio de joias tanto quanto não é a beleza da natureza ou uma bela peça musical. A diferença é que a imagem das Escrituras tem autoridade. Ela vem até nós de escritores que estiveram mais perto de Deus do que nós e passou incólume pelo teste da experiência cristã ao longo dos séculos. O apelo natural desse imaginário com autoridade é para mim, à primeira vista, muito pequeno. À primeira vista, ele causa calafrios em meu desejo, em vez de despertá-lo. E é exatamente isso que eu deveria esperar. Se o cristianismo não pudesse me contar mais sobre a terra distante do que as conjecturas de meu próprio temperamento, então o cristianismo não seria superior a mim mesmo. Se ele tiver mais a me oferecer, espero que seja imediatamente menos atraente do que "minhas próprias contribuições". À primeira vista, Sófocles parece uma leitura chata e fria para o estudante jovem que chegou somente até a poetisa Shelley. Se nossa religião for algo objetivo, então nunca deveríamos desviar os olhos daqueles elementos nela que parecem intrigantes ou repugnantes; pois são precisamente as coisas intrigantes ou repugnantes que ocultam o que ainda não conhecemos e que necessitamos descobrir.

As promessas das Escrituras podem ser resumidas, de modo geral, em cinco enunciados. É prometido a nós (1) que estaremos com Cristo; (2) que seremos como ele; (3) com imensa riqueza de imagens, que teremos "glória"; (4) que seremos, de alguma forma, alimentados ou saciados ou entretidos; e (5) que teremos uma espécie de posição oficial no universo — governando cidades, julgando anjos, sendo pilares no templo de Deus. A primeira pergunta que faço acerca dessas promessas é: "Por que precisaríamos de qualquer outra senão a primeira?". Poderá algo ser acrescentado à concepção de estar com Cristo? Pois deve ser verdade, como um velho escritor diz, que quem possui Deus e tudo mais não tem mais do que quem possui somente Deus. Acredito que, mais uma vez, a resposta está na natureza dos símbolos, pois, mesmo que se possa escapar de nossa percepção à primeira vista, ainda assim é verdadeiro que, qualquer concepção de estar com Cristo que a maioria de nós pode agora formar, não será muito menos simbólica do que as outras promessas. Essa concepção irá introduzir ideias de proximidade no espaço e de conversação agradável, como nós compreendemos a ideia de conversação no presente, e provavelmente concentrará na humanidade de Cristo com a exclusão de sua divindade. E, de fato, verificamos que aqueles cristãos que dão atenção somente a essa primeira promessa sempre a preenchem com imagens realmente bem terrenas — até mesmo com imagens nupciais ou eróticas. De forma alguma, eu viria a condenar tais imagens. Com sinceridade de coração, eu desejaria poder me aprofundar ainda mais nelas do que faço agora e oro para que ainda possa fazê-lo. Mas o meu argumento aqui é que também isso é apenas um símbolo, semelhante à realidade em alguns aspectos, porém diferente dela em outros sentidos, e, assim, necessita de correção dos diferentes símbolos nas outras promessas. A variação das promessas não significa que alguma outra coisa além de Deus será a nossa felicidade definitiva; mas porque Deus é mais do que uma Pessoa, e para que não imaginemos a alegria de sua presença em termos muito exclusivamente relacionados à nossa pobre experiência presente do amor pessoal, com todas as suas limitações e monotonia, são fornecidas diversas imagens que se corrigem e se equilibram umas às outras.

Volto-me agora à ideia da glória. Não se pode deixar de reconhecer o fato de que essa ideia é muito proeminente no Novo Testamento e nos escritores cristãos antigos. A salvação é constantemente associada a palmas, a coroas, a vestimentas brancas, a tronos e ao esplendor como o do Sol e o das estrelas. Tudo isso não traz nenhum apelo imediato a mim e, nesse sentido, imagino ser um típico homem moderno. A glória sugere duas ideias para mim, uma que parece perversa e a outra, ridícula. Glória significa para mim fama ou luminosidade. Quanto à primeira ideia, uma vez que ser famoso significa ser mais conhecido que outras pessoas, o desejo de fama me parece uma paixão competitiva e, portanto, muito mais do Inferno do que do Céu. Quanto à segunda, quem quer ser uma espécie de lâmpada elétrica viva?

Quando comecei a pesquisar sobre esse assunto, fiquei chocado em saber que cristãos tão diversos como Milton, Johnson e Tomás de Aquino consideravam a glória celestial muito lembrei-me de que ninguém pode entrar no Céu senão como uma criança; e nada é mais óbvio numa criança — não numa criança envaidecida, mas numa boa criança — como o seu grande e não disfarçado prazer de ser elogiada e isso não se aplica apenas a uma criança, mas também a um cão ou a um cavalo. Aparentemente, aquilo que eu confundi com humildade durante todos esses anos me impediu de compreender o que é, na verdade, o prazer mais humilde, mais típico de crianças e das criaturas — sim, o prazer específico daquele que é inferior; o prazer do animal diante do ser humano, de uma criança diante de seu pai, de um estudante diante do professor, da criatura diante do Criador. Não, não estou esquecendo como o mais inocente dos desejos pode ser horrivelmente parodiado em nossas ambições humanas, ou como muito rapidamente, em minha própria experiência, o prazer lícito do elogio, daqueles a quem era meu dever agradar, torna-se o veneno mortal da autoadmiração. No entanto, pude detectar um momento — um momento muito, muito curto — antes de isso acontecer, durante o qual a satisfação de ter agradado a quem eu verdadeiramente amava e temia era pura. Isso é suficiente para elevar nossos pensamentos para aquilo que poderá acontecer quando a alma redimida, muito além de qualquer esperança e quase além do que se pode acreditar, por fim toma conhecimento de que agradou aquele a quem foi criada para agradar. Nessa hora, não haverá qualquer espaço para a soberba. A alma estará livre da infeliz ilusão da soberba. Sem nenhuma mancha daquilo que agora denominamos autoaprovação, a alma abertamente como fama ou boa reputação, mas não a fama conferida por nossos semelhantes, criaturas humanas — e sim a fama com Deus, aprovação ou (poderia dizer) "apreciação" da parte de Deus. Foi então, quando pensei mais a respeito disso, que percebi que essa concepção seria bíblica; nada pode eliminar da parábola o elogio divino, "Muito bem, servo bom e fiel!". Com isso, uma grande parte daquilo que tenho pensado toda minha vida desmoronou como um castelo de cartas. De repente, se regozijará da maneira mais inocente possível naquele propósito para o qual Deus a designou, e o momento que curará para sempre seu velho complexo de inferioridade também irá afogar seu orgulho mais profundamente do que o livro de Próspero.[1] A humildade perfeita não dá lugar para a modéstia. Se Deus estiver satisfeito com a obra, a obra pode ficar satisfeita consigo mesma; "não cabia a ela trocar cumprimentos com seu Soberano".[2] Posso imaginar alguém dizer que não gosta da minha ideia de Céu como um lugar em que recebemos "tapinhas nas costas". Entretanto, um mal-entendido arrogante está por detrás desse desgosto. No fim, aquela Face que é o prazer ou o terror do universo deverá se voltar para cada um de nós, seja com uma expressão, seja com outra, conferindo glória inexprimível ou infligindo vergonha que jamais poderá ser curada ou disfarçada. Recentemente, li num periódico que o fundamental é *como pensamos em* Deus. Pelo amor de Deus, não, não é! Como Deus pensa em nós não apenas é mais importante, é infinitamente mais importante. Na verdade, como pensamos nele não tem importância senão na medida em que esse pensamento esteja relacionado à forma como ela pensa em nós. Está escrito que nós "devemos comparecer perante" ele, que apareceremos, que seremos examinados. A promessa da glória é a promessa, quase que incrível e somente possível pela obra de Cristo, de que alguns de nós, que qualquer um de nós que realmente escolher, realmente sobreviverá a esse exame, e encontrará aprovação, isto é, agradará a Deus. Agradar a Deus (...) ser um ingrediente real da felicidade divina (...) ser amado por Deus, não apenas objeto de sua clemência, mas ser agradável a ele, como um artista tem prazer em sua obra ou um pai tem prazer em seu filho, parece ser algo impossível, um peso ou fardo de glória que nossos pensamentos dificilmente podem aguentar. Mas é assim.

Perceba agora o que está ocorrendo. Se eu tivesse rejeitado a imagem autoritativa e escriturística da glória e tivesse teimosamente permanecido com o desejo vago, que desde o princípio era a minha única indicação do Céu, não teria observado nenhuma conexão entre esse desejo e a promessa cristã. Mas agora, depois de pesquisar aquilo que aparentava ser intrigante e repulsivo nos livros sagrados, vejo, para minha grande surpresa, olhando para trás, que a conexão é perfeitamente clara. A glória, como o cristianismo me ensina a aguardar, acaba por satisfazer meu desejo original e, de fato, por revelar um elemento naquele desejo que eu não havia notado. Ao cessar de considerar, por um momento, as minhas próprias necessidades, comecei a entender melhor o que realmente preciso. Quando há pouco tentei descrever nossos anseios espirituais, omiti uma de suas mais curiosas características. Normalmente, percebemos isso somente no momento em que a visão se esvai, quando a música termina, ou quando a paisagem perde sua luz celestial. Aquilo que sentimos então foi bem descrito pelo poeta Keats como "a viagem de volta para o eu habitual". Você sabe o que quero dizer. Por alguns minutos tivemos a ilusão de pertencer a esse mundo. Agora despertamos para descobrir que essa não é a realidade. Somos simplesmente espectadores. A beleza sorriu, mas não para nos receber; sua face se voltou em nossa direção, mas não para nos ver. Não fomos aceitos, recebidos ou convidados para dançar. Podemos sair quando desejarmos, podemos ficar se quisermos: "Ninguém nota nossa presença".[3] Um cientista poderá responder que, como a maior parte das coisas que chamamos de beleza é inanimada, não é de surpreender que não nos note. Claro que isso é verdade, mas não é dos objetos físicos que estou falando e, sim, daquela alguma coisa indescritível da qual se tornaram mensageiros por um momento. E parte do amargor que se mistura à doçura dessa mensagem se deve ao fato de que raramente parece ser uma mensagem dirigida a nós, mas algo que ouvimos casualmente. Por amargor quero dizer dor, não ressentimento. Nem deveríamos sugerir que fôssemos notados de alguma forma. Contudo, ansiamos por isso. A sensação de que somos tratados como estranhos neste universo, o anseio por sermos reconhecidos, de encontrar alguma resposta, de construir uma ponte entre o vazio que se escancara entre nós e a realidade, tudo isso faz parte de nosso segredo inconsolável. E, certamente, desse ponto de vista, a promessa da glória, no sentido descrito, se torna altamente relevante para o nosso profundo desejo, pois glória significa ter uma boa avaliação de Deus, ser aceito por Deus, obter reposta, reconhecimento e acolhimento no coração das coisas. A porta em que estivemos batendo por toda a nossa vida se abrirá afinal.

Talvez pareça muito primitivo descrever a glória como o fato de ser "notado" por Deus, mas essa é quase a linguagem do Novo Testamento. O apóstolo Paulo promete àqueles que amam a Deus não que conhecerão a Deus, como seria de se esperar, mas que serão conhecidos por Deus (1Coríntios 8:3). É uma promessa estranha. Será que Deus não está ciente de todas as coisas o tempo todo? Entretanto, isso ecoa terrivelmente em outra passagem do Novo Testamento. Ali, somos advertidos de que isso poderá acontecer a qualquer um de nós, o momento de aparecer finalmente diante da face de Deus e ouvir apenas as palavras desesperadoras: "Nunca os conheci. Afastem-se de mim". De certa forma, tão obscuro para o intelecto quanto insuportável para as emoções, poderemos ser banidos da presença daquele que está presente em todo lugar e eliminados do conhecimento daquele que a tudo conhece. Poderemos ser deixados total e absolutamente *do lado de fora* — repelidos, exilados, alienados e cabal e indescritivelmente ignorados. Por outro lado, podemos ser chamados, bem-vindos, recebidos, reconhecidos. Andamos todos os dias sobre o fio da navalha entre essas duas possibilidades incríveis. Aparentemente, então, a nostalgia que sentimos por toda a vida, nosso anseio por sermos reunidos à alguma coisa no universo da qual nos sentimos agora separados, por estar do lado de dentro de alguma porta que sempre avistamos pelo lado de fora, não é um capricho neurótico, mas o mais verdadeiro indicador de nossa situação. Ser, finalmente, convidado para entrar seria uma glória e honra além de todos os nossos méritos e, também, a cura para uma velha dor.

E isso me leva para o outro sentido da glória — a glória como brilho, esplendor, luminosidade. Fomos feitos para brilhar como o Sol, para receber a Estrela da Manhã. Acredito que começo a ver o que isso significa. De certo modo é claro que Deus já nos deu a Estrela da Manhã: você pode sair e apreciar a dádiva nas melhores manhãs, se levantar da cama cedo. Você pode perguntar o que mais poderíamos pedir. Ah, mas queremos muito mais do que isso — alguma coisa a que os livros sobre estética dão pouca atenção. Contudo, os poetas e as mitologias conhecem tudo a respeito disso. Não desejamos meramente *ver* a beleza, embora, sabe Deus, mesmo isso já seria uma recompensa e tanto. Queremos algo mais que não pode ser posto em palavras — ser unidos à beleza que vemos, estar nela e recebê-la em nós mesmos, nos banhar nela, nos tornar uma parte dela. É por isso que povoamos o ar, a terra e a água com deuses e deusas, ninfas e elfos — para que, embora não consigamos, ainda assim essas projeções possam apreciar em si mesmas aquela beleza, graça e poder de que a natureza é a imagem. É por isso que os poetas nos contam essas falsificações tão amáveis. Falam como se o vento oeste fosse de fato penetrar uma alma humana; mas não pode. Dizem a nós que "a beleza nascida de um som murmurante" vai adentrar um rosto humano; mas não irá. Pelo menos, não por ora, pois, se levarmos a sério o imaginário das Escrituras, se crermos que algum dia Deus nos *dará* a Estrela da Manhã e fará com que *vistamos* o esplendor do Sol, então poderemos especular que tanto os mitos antigos quanto a poesia moderna, tão falsos quanto a história, poderão estar muito perto da verdade na forma de profecia. No presente, estamos no lado de fora do mundo, do lado errado da porta. Discernimos o frescor e a pureza da manhã, mas ambos não nos tornam novos e puros. Não conseguimos nos envolver no esplendor que vemos, mas todas as páginas do Novo Testamento sussurram umas às outras o rumor de que as coisas não serão sempre assim. Um dia, permitindo Deus, nós *entraremos*. Quando as almas humanas se tornarem tão perfeitas em obediência voluntária, como é a criação inanimada em sua obediência sem vida, então essas almas vestirão sua glória, ou melhor, a glória maior da qual a natureza é somente um primeiro esboço, pois não estou propondo nenhuma fantasia pagã de ser absorvido na natureza. A natureza é mortal; iremos viver mais do que ela. Quando todos os sóis e nebulosas tiverem morrido, cada um de vocês ainda estará vivo. A natureza é apenas a imagem, o símbolo; mas é o símbolo que as Escrituras me convidam a usar. Somos convidados para transpor a natureza, para irmos além do esplendor que ela refletiu.

E uma vez dentro, para além da natureza, comeremos da Árvore da Vida. No presente fomos renascidos em Cristo, o espírito em nós vive diretamente de Deus; mas a mente e, mais ainda, o corpo, recebem vida dele há milhares e milhares de gerações — por meio de nossos antepassados, nossos alimentos, pelos elementos naturais. Os fracos e distantes resultados daquelas energias que o êxtase criativo de Deus implantou na matéria, quando fez os mundos, são aquilo que agora denominamos prazeres físicos; e mesmo filtrados dessa forma, são demasiados para serem administrados no presente. Como será provar da própria fonte cujas emanações, mesmo que na dimensão inferior, se provam tão intoxicantes? No entanto, é isso que creio estar diante de nós. O homem inteiro deve beber alegria da fonte da alegria. Como disse Agostinho, o êxtase da alma salva irá "transbordar" para o corpo glorificado. À luz de nossos presentes apetites, específicos e depravados, não podemos imaginar essa *torrens voluptatis* [torrente de prazer], e exorto muito seriamente cada um a não tentar. No entanto, é necessário mencionar que se abandonem pensamentos ainda mais enganosos — pensamentos de que aquilo que é salvo é um mero fantasma, ou que o corpo ressurreto vive numa espécie de insensibilidade dormente. O corpo foi feito para o Senhor, e essas infelizes ideias erram o alvo por muito.

Enquanto isso, a cruz vem antes da coroa e amanhã de manhã é segunda-feira. Uma ruptura se abriu nas impiedosas muralhas do mundo, e somos convidados a seguir o nosso grande Capitão para dentro delas. Segui-lo, claro, é o ponto essencial. Sendo assim, pode-se perguntar qual seria o uso prático dessas especulações pelas quais estou me deixando levar. Posso imaginar pelo menos um uso prático. É possível que alguém pense exageradamente sobre sua potencial glória futura; dificilmente ele pensará muito frequentemente ou profundamente sobre a glória de seu próximo. O fardo, ou o peso, ou o ônus da glória de meu próximo deveria ser depositado sobre as minhas costas, um fardo tão pesado que somente a humildade é capaz de carregar, e o peso esmagará o orgulhoso. É coisa séria viver numa sociedade de possíveis deuses e deusas, e lembrar que a pessoa mais chata e desinteressante com quem você pode conversar poderá um dia ser uma criatura que, se você a visse agora, seria fortemente tentado a adorar; ou, então, um horror e uma corrupção tal qual você encontra agora, se for o caso, apenas num pesadelo. O dia todo, em certo sentido, ajudamos uns aos outros a chegar a um desses dois destinos. É à luz dessas possibilidades irrefutáveis, é com a reverência e a circunspecção que as caracterizam que deveríamos conduzir nossas interações uns com os outros, todas as amizades, todos os amores, toda a diversão, toda a política. Não existem pessoas *comuns*. Você nunca conversou com um mero mortal. Nações, culturas, artes, civilizações — essas coisas são mortais, e a vida dessas coisas é para nós como a vida de um mosquito. No entanto, é com os imortais que nós fazemos piadas, trabalhamos e casamos; são os imortais aqueles a quem esnobamos e exploramos — horrorosos imortais ou eternos esplendorosos. Isso não significa que devamos ter uma atitude solene o tempo todo. Devemos participar do jogo. Mas a nossa alegria deveria ser do tipo (e, de fato, é a mais alegre possível) que existe entre as pessoas que, desde o início, levam-se mutuamente a sério — sem leviandade, sem superioridade, sem presunção. Nossa caridade deve ser um amor real e custoso, com sentimento profundo pelos pecados, apesar dos quais amamos o pecador — não simplesmente tolerância, ou a indulgência que faz do amor uma paródia, como a leviandade parodia a alegria. Muito próximo dos *elementos* do sacramento da Ceia do Senhor, seu próximo é o *elemento* mais santo percebido pelos sentidos. Se seu próximo for cristão, ele será santo num sentido quase tão semelhante, pois nele Cristo também está *vere latitat* [4] — o glorificador e o glorificado, o próprio Deus da Glória está verdadeiramente oculto.

---

[1]Próspero é uma personagem da peça de Shakespeare A tempestade. Ele é o exilado duque de Milão, que também é um mágico. [N. T.]

[2]Adaptação de um trecho do livro de James Boswell, Life of Samuel Johnson [A vida de Samuel Johnson]. O rei elogiou Johnson por escrever "tão bem". Johnson não respondeu e mais tarde explicou: "Quando o rei decide, está decidido. Não cabia a mim trocar cumprimentos com meu Soberano." [N. E.]

[3]O trecho é uma fala de Beatriz na comédia Much Ado Abouth Nothing [Muito barulho por nada] de Shakespeare, Ato I, Cena I. [N. E.]

[4]Do latim: verdadeiramente escondido. [N. T.]

COMO NÃO SE SENTIR AMEAÇADO QUANDO O CRISTIANISMO PERMANECE INALTERADO E A CIÊNCIA E O CONHECIMENTO PROGRIDEM

Deus no banco dos réus
(do capítulo intitulado "O dogma e o universo")

Onde quer que haja verdadeiro progresso no conhecimento, há determinada porção deste que não é substituída. Com efeito, a própria possibilidade de progresso requer que haja um elemento imutável. Garrafa nova para vinho novo, tudo bem; mas paladar novo, garganta nova e estômago novo, não — ou o vinho nem sequer seria "vinho" para nós. Em minha opinião, todos poderíamos encontrar este tipo de elemento imutável nas regras simples da matemática. A estas, eu acrescentaria os princípios básicos da moralidade. E também adicionaria as doutrinas fundamentais do cristianismo. A fim de empregar uma linguagem mais técnica, digo que as declarações históricas positivas feitas pelo cristianismo têm o poder — encontrado em outros lugares sobretudo em princípios formais — de receber, sem alteração intrínseca, a crescente complexidade de sentido que o aumento de conhecimento traz.

Por exemplo, pode ser verdade (embora eu não suponha que seja, sequer por um momento) que, ao afirmar que "ele desceu do céu", os escritores do

Credo Niceno tivessem em mente um movimento literal de um céu físico para a superfície da Terra — como uma descida de paraquedas. Desde então, outros talvez tenham descartado a ideia de que esse céu fosse espacial. Mesmo assim, nem a relevância nem a credibilidade do que é afirmado parecem ser minimamente afetadas pela mudança. Em cada um dos pontos de vista, trata-se de algo milagroso: em cada um deles, as imagens mentais que acompanham o ato de crer não são essenciais. Quando um convertido na África central e um especialista na rua Harley[1] afirmam que Cristo ressuscitou dentre os mortos, há, sem dúvida, uma grande diferença em seus modos de pensar. Para um, a simples imagem de um corpo se levantando basta; o outro talvez imagine uma série de processos bioquímicos e até físicos funcionando de trás para frente. O médico sabe que, em sua experiência, tais processos nunca acontecem de trás para frente; já o africano sabe que defuntos não se levantam e andam. Ambos são confrontados com um milagre e ambos sabem disso. Caso considerem os milagres impossíveis, a única diferença é que o médico explicará a impossibilidade em muito mais detalhes, adicionando floreios elaborados à simples declaração de que mortos não andam. Caso acreditem em sua possibilidade, tudo o que o médico disser apenas esmiuçará e esclarecerá as palavras: "Ele ressuscitou". Quando o autor de Gênesis diz que Deus fez o homem à própria imagem, ele talvez tenha imaginado um Deus vagamente corpóreo criando o homem tal qual uma criança molda um boneco de massinha. Um filósofo cristão moderno talvez imagine o ato mencionado na Bíblia como um processo que dura desde a primeira criação da matéria até a última aparição de um organismo apto a receber vida espiritual e biológica neste planeta. Ambos, entretanto, querem dizer essencialmente a mesma coisa. E ambos estão negando a mesma coisa: a doutrina de que a matéria, por meio de algum poder oculto inerente, produziu a espiritualidade.

Porventura isso significa que cristãos com diferentes níveis de educação nutrem crenças radicalmente diferentes sob uma formulação idêntica de palavras? De modo nenhum. Aquilo em que concordam é a substância, e aquilo em que diferem é a sombra. Se alguém imagina Deus assentado em um céu físico, pairando sobre uma Terra plana, e outra pessoa enxerga Deus e a criação nos termos da filosofia do professor Whitehead,[2] esta diferença diz respeito precisamente ao que não importa. Talvez isso lhe pareça um exagero. Mas será que é? No que tange à realidade material, estamos agora sendo forçados a concluir que nada sabemos a seu respeito, exceto sua matemática. Os seixos palpáveis de nossas primeiras calculadoras, os átomos imaginados de Demócrito, a imagem que o homem comum tinha do espaço — tudo era a sombra: os números são a substância de nosso conhecimento, a única ligação entre a mente e as coisas. O que a natureza é em si mesma nos evade; e, no fim, descobre-se que as coisas que, à ingênua percepção, parecem ser evidentes acerca dela são, na verdade, as mais ilusórias. Mais ou menos o mesmo se dá com nosso conhecimento da realidade espiritual. O que Deus é em si mesmo, como ele deve ser concebido pelos filósofos, foge continuamente de nosso conhecimento. As representações do mundo que acompanham a religião e que parecem tão sólidas enquanto duram acabam sendo apenas sombras. É a religião em si — a oração, o sacramento, o arrependimento e a adoração — o que permanece no longo prazo como o único caminho para o real. Tal como a matemática, a religião pode crescer a partir de dentro ou decair. O judeu sabe mais do que o pagão; o cristão, mais do que o judeu; o homem moderno, vagamente religioso, menos do que qualquer um dos três. Contudo, assim como a matemática, a religião permanece simplesmente sendo ela mesma, capaz de ser aplicada a qualquer nova teoria do universo material sem se tornar obsoleta por nenhuma.

Quando um indivíduo entra na presença de Deus, ele descobre — querendo ou não — que todas as coisas que tanto pareciam diferenciá-lo dos homens de outros tempos, ou mesmo de seu eu anterior, abandonaram-no. Ele voltou para aquele lugar onde sempre esteve, onde todo homem sempre está. *Eadem sunt omnia semper*.[3] Não nos enganemos. Nenhuma complexidade que venhamos a conferir à imagem do universo pode nos esconder de Deus: não há corpo, floresta nem selva densos o suficiente para dar-nos cobertura. Lemos, em Apocalipse, a respeito daquele que estava assentado sobre o trono, de cuja presença a "Terra e o céu fugiram".[4] Isso pode acontecer com qualquer um de nós a qualquer momento. Em um piscar de olhos, em um tempo ínfimo demais para ser medido, e em qualquer lugar, tudo o que parece nos separar de Deus pode fugir, desaparecer, deixando-nos nus diante dele tal como o primeiro homem — tal como o único homem, como se nada existisse além de nós mesmos e ele. E, uma vez que esse contato não pode ser evitado por muito tempo e que ele significa bênção ou terror, o objetivo da vida é aprender a apreciá-lo. Esse é o grande e primeiro mandamento.

---

[1] A rua Harley, em Londres, é conhecida desde o século XIX pelo grande número de especialistas em medicina e cirurgia que nela atuam. [N. T.]
[2] Alfred North Whitehead (1861—1947), que escreveu, entre outras obras, A ciência e o mundo moderno (1925) e Religion in the Making [Religião em formação] (1926).
[3] "Tudo é sempre o mesmo."
[4] Apocalipse 20:11.

A IMPORTÂNCIA DA PRÁTICA DO AMOR

Cristianismo puro e simples

(do capítulo intitulado "Caridade")

Quanto ao sentido da palavra. "Caridade" nos dias atuais significa simplesmente o que costumava ser chamado de "dar esmolas" — isto é, ajudar os pobres. Originalmente, ela tinha um sentido muito mais amplo. (Você pode ver como ela adquiriu o sentido moderno. Se uma pessoa tem a qualidade da "caridade", dar aos pobres é uma das coisas mais óbvias que ela faz, e foi assim que as pessoas passaram a falar como se isso fosse tudo o que está implicado na caridade. À semelhança disso, a rima é a coisa mais óbvia da poesia, de modo que as pessoas passaram a se referir à poesia como mera "rima" e nada mais.) Caridade significa "amor no sentido cristão". Mas o amor, no sentido cristão, não se refere a nenhuma emoção. Não se trata de um estado do sentimento, mas da vontade; daquele estado da vontade que temos naturalmente sobre nós e devemos aprender a ter com relação às outras pessoas.

Destaquei, no capítulo sobre o perdão, que nosso amor por nós mesmos não quer dizer *simpatia* por nós mesmos, mas sim que queremos o nosso próprio bem. Da mesma forma, o amor cristão (ou a Caridade) pelos nossos vizinhos é algo bem diferente de gostar ou ter simpatia por eles. Nós gostamos e "simpatizamos" com certas pessoas e com outras, não. É importante entender que esse "simpatizar" natural não é nem um pecado nem uma virtude, assim como não o são nossas preferências alimentícias, e sim apenas um fato. Mas é claro que nossas atitudes com relação a esses gostos podem ser pecaminosas ou virtuosas.

A simpatia ou a afeição natural pelas pessoas tornam mais fácil ser "caridoso" com elas. Por isso, normalmente é um dever encorajar as nossas afeições — "gostar" tanto de pessoas quanto conseguirmos (da mesma forma que muitas vezes é nosso dever estimular em nós o gosto por exercícios ou pela comida saudável) — não porque essa seja propriamente a virtude da caridade, mas porque é uma forma de nos ajudar a alcançá-la. Por outro lado, também é necessário manter-se muito atento ao perigo de que nossa simpatia por alguém nos impeça de ser caridosos ou até injustos com os demais. Há casos até em que nossa simpatia entra em conflito com nossa caridade no que diz respeito à pessoa da qual gostamos. Por exemplo, uma mãe "amorosa" pode ser tentada pela afeição natural de "mimar" seu filho; isto é, satisfazer seus próprios impulsos afetivos à custa da real felicidade posterior da criança.

Contudo, por mais que a simpatia natural devesse ser encorajada normalmente, seria bem errado pensar que o caminho para se tornar caridoso é ficar acomodado, tentando produzir sentimentos afetuosos. Algumas pessoas são "frias" em seu temperamento, e isso pode ser um infortúnio para elas, mas não é um pecado, tanto quanto não é pecado ter uma má digestão; e isso não as exclui da oportunidade nem serve como desculpa para elas não terem a obrigação de aprender a serem caridosas.

A regra para nós é perfeitamente simples. Não perca seu tempo se preocupando se você "ama" o seu vizinho: aja como se o amasse. Assim que fazemos isso, descobrimos um dos grandes segredos. Quando você começa a se comportar como se amasse alguém, vai acabar amando mesmo. Se você for ofender uma pessoa de quem não gosta, vai acabar desgostando dela ainda mais. Por outro lado, se fizer algo de bom a ela, em contrapartida vai acabar desgostando dela menos. É claro que há uma exceção. Se você lhe fizer esse bem não para agradar a Deus e nem para obedecer à lei da caridade, mas para lhe mostrar que camarada bacana e pronto a perdoar você é, e, assim, colocá-la em dívida com você e ficar à espera de "gratidão", provavelmente ficará desapontado. (As pessoas não são tolas: elas enxergam o exibicionismo ou a politicagem de longe.) Mas sempre que fazemos o bem ao outro só porque se trata de um ser (como nós) criado por Deus e desejamos a felicidade dele como desejamos a nossa, devemos ter aprendido a amá-lo um pouco mais ou, pelo menos, a desgostar dele um pouco menos.

Consequentemente, embora a caridade soe como uma coisa bastante fria para pessoas cuja cabeça está cheia de sentimentalismo, e embora ela seja bem diferente da afeição propriamente dita, direciona-nos a esta última. A diferença entre um cristão e um ímpio não é que este último tem apenas afeições ou "simpatias" e o cristão, somente "caridade". A pessoa não cristã é legal com certas pessoas porque "gosta" delas: já o cristão, tentando ser legal com todos, acaba gostando de cada vez mais pessoas ao longo da vida — inclusive pessoas das quais ele não conseguiria imaginar gostar no começo. Essa mesma lei espiritual trabalha de forma terrível na direção oposta. Os alemães talvez tenham tratado mal aos judeus de início porque os odiavam, mas depois passaram a odiá-los ainda mais porque lhes tratavam mal: Quanto mais cruel você é, mais odiará; e, quanto mais você odeia, mais cruel vai se tornar — e assim por diante, num ciclo vicioso eterno.

O bem e o mal crescem numa PG (Progressão Geométrica). É por isso que as mínimas decisões que você e eu tomamos no dia a dia são de importância infinita. A menor boa ação de hoje é a captura de um ponto estratégico do qual, alguns meses mais tarde, você poderá estar em condições de prosseguir para vitórias com as quais nunca sonhou. Uma concessão aparentemente trivial hoje a um desejo ou raiva representa a perda de uma montanha, uma linha férrea ou ponte com que o inimigo poderia preparar um ataque que, do contrário, seria impossível.

Alguns autores usam a palavra "caridade" para descrever não apenas o amor cristão entre seres humanos, mas também o amor de Deus pelo ser humano e deste por Deus. As pessoas muitas vezes ficam preocupadas quanto ao segundo desses dois amores. Elas ouvem que devem amar a Deus, mas não conseguem encontrar nenhum sentimento como esse dentro de si. Então, o que devem fazer? A resposta é a mesma que a anterior. Aja como se você o sentisse. Não fique aí tentando fabricar sentimentos. Pergunte-se a si mesmo: "Se eu tivesse certeza de que amo a Deus, o que eu faria?". Quando encontrar a resposta, vá e aja de acordo.

De uma maneira geral, o amor de Deus por nós é um assunto sobre o qual se deve refletir com muito mais cuidado do que o nosso amor por ele. Ninguém consegue ter sentimentos piedosos o tempo todo, e, mesmo se conseguisse, o fato é que os sentimentos não são a preocupação principal de Deus. O amor cristão, seja com relação a Deus, seja com relação ao ser humano, é uma questão de vontade. Se estivermos tentando fazer a sua vontade, estaremos obedecendo ao seu mandamento: "Ame o Senhor, o seu Deus". Ele nos dará sentimentos de amor se assim o desejar. Não podemos criá-los para nós mesmos, e não devemos demandá-los como um direito. Mas o grande lembrete é que, embora nossos sentimentos sejam instáveis, o amor dele por nós não é. Ele não se desgasta por causa dos pecados que cometemos ou por nossa indiferença; e, portanto, ele é implacável em sua determinação de que devemos ser curados daqueles pecados a todo o custo, seja para nós, seja para ele.

O SIGNIFICADO DE SER PARTE DO CORPO DE CRISTO

O peso da glória

(do capítulo "Membresia")

Nenhum cristão e, de fato, nenhum historiador poderia aceitar a expressão que define a religião como "aquilo que um homem faz em sua solidão". Acho que foi um dos irmãos Wesley que disse que o Novo Testamento nada conhece de uma religião solitária. Somos proibidos de negligenciar a nossa reunião em comunhão. O cristianismo já é institucional em seus documentos primitivos. A Igreja é a Noiva de Cristo e nós somos membros uns dos outros.

A ideia, em nossa época, de que a religião pertence ao âmbito da nossa vida privada — ou seja, ela é de fato uma ocupação para os momentos livres do indivíduo — é ao mesmo tempo paradoxal, perigosa e natural. É paradoxal porque esse engrandecimento do indivíduo no campo religioso tem origem num tempo em que o coletivismo está derrotando, de forma arrasadora, o individualismo em todos os níveis. Eu vejo isso até mesmo na universidade. Quando iniciei minha vida de estudante em Oxford, a associação de estudantes consistia de uns doze homens que se conheciam intimamente e ficavam até uma ou duas da madrugada ouvindo a leitura de uma monografia de algum deles, numa pequena sala de estar, onde faziam sugestões e correções. Antes da guerra, a associação de estudantes tinha se tornado um público heterogêneo de cem ou duzentos estudantes que se reuniam num auditório para ouvir a preleção de alguma celebridade visitante. Mesmo nas raras ocasiões em que um estudante moderno não está participando desse tipo de associação, ele dificilmente se ocupa com aquelas caminhadas solitárias, ou caminha com algum outro companheiro, aquilo que construía as mentes de gerações anteriores. Ele vive numa multidão; o grupo exclusivo substituiu a amizade, e essa tendência não existe somente dentro e fora da universidade, como também é frequentemente aprovada. Existe uma multidão de intrometidos, autodesignados mestres de cerimônias, cuja vida está dedicada à destruição do isolamento onde quer que ele ainda se manifeste. Chamam isso de "tirar os jovens da introspecção", de "despertá-los" ou de "vencer sua apatia". Se um Agostinho, um Vaughan, um Traherne ou um Wordsworth tivessem nascido no mundo moderno, os líderes de alguma organização juvenil iriam logo curá-los. Se um lar realmente bom, como o de Alcino e Arete na *Odisseia*, o dos Rostovs em *Guerra e Paz* ou se qualquer uma das famílias de Charlotte M. Yonge existisse hoje seria denunciada como *burguesa* e toda a máquina de destruição seria usada contra elas. Mesmo quando os projetistas falham e alguém fique fisicamente sozinho, há algum aparato tecnológico que não o deixará mais sozinho — num sentido não pretendido por Cipião — do que quando estiver sozinho. Vivemos de fato num mundo faminto por isolamento, silêncio e privacidade e, portanto, faminto por meditação e verdadeira amizade.

Relegar a religião ao isolamento numa época como essa é, então, paradoxal. No entanto, também é perigoso por duas razões. Em primeiro lugar, quando o mundo moderno nos diz em alta voz: "Você pode ser religioso quando estiver sozinho", emenda, sussurrando: "e eu providenciarei que você nunca esteja só". Fazer do cristianismo um assunto de natureza privativa, enquanto suprime toda privacidade, é o mesmo que relegá-lo ao fim do arco-íris ou às calendas gregas,[1] o que é um dos estratagemas do inimigo. Em segundo lugar, há o perigo de que cristãos verdadeiros, que sabem que o cristianismo não é um exercício solitário, reagirem contra esse erro ao simplesmente transportar para nossa vida espiritual aquele mesmo coletivismo que já conquistou nossa vida secular, o que é o outro estratagema do inimigo. Como um bom enxadrista, ele sempre estará tentando levá-lo a uma posição na qual você somente poderá salvar sua torre ao perder seu bispo. A fim de evitar a armadilha, precisamos insistir que, embora a concepção de um cristianismo privado seja um erro, ela é profundamente natural e está desajeitadamente tentando preservar uma grande verdade. Por trás disso está o sentimento óbvio de que o nosso coletivismo moderno é um desprezo à natureza humana e que, a partir disso, assim como de todos os males, Deus será o nosso escudo e proteção.

Esse sentimento é justo. Assim como a vida pessoal e privativa é inferior à participação no corpo de Cristo, também a vida coletiva é inferior à vida pessoal e privativa, e não tem nenhum valor a não ser em seu serviço. A comunidade secular, uma vez que existe para nosso bem natural e não para nosso bem sobrenatural, não tem um fim mais elevado do que facilitar e proteger a família, a amizade e a solidão. Johnson disse que ser feliz no lar é a finalidade de todo esforço humano. Já que estamos pensando apenas em valores naturais, devemos dizer que não há nada mais prazeroso na vida do que ver uma família rindo junta ao redor da mesa de jantar, quando dois amigos conversam tomando uma cerveja ou quando alguém solitário lê um livro de seu interesse. Economia, política, leis, exércitos e instituições, salvo enquanto prolongam e multiplicam tais vivências, são meramente como procurar agulha no palheiro, uma futilidade sem sentido e um aborrecimento de espírito. As atividades coletivas são necessárias, é claro, mas esse é o fim para o qual elas são necessárias. Grandes sacrifícios daqueles que possuem essa felicidade privativa poderão ser necessários a fim de que ela seja mais amplamente distribuída. Todos podem ter de ficar com um pouco de fome para que ninguém morra de fome, mas não confundamos os males necessários com o bem, pois esse equívoco é facilmente cometido. Para que possa ser transportada, a fruta deve ser enlatada e assim perde algumas de suas boas qualidades, mas é possível encontrar aqueles que realmente passaram a preferir as frutas enlatadas em lugar das frutas frescas. Uma sociedade doente precisa refletir muito sobre política, assim como um homem doente precisa refletir muito a respeito de sua digestão; ignorar o assunto poderá ser covardia fatal tanto para um quanto para o outro. Porém, se tais questões básicas não forem levadas em consideração — se ambos esquecerem que pensamos acerca disso somente para que sejamos capazes de pensar sobre outras coisas — então, aquilo que foi realizado em função da saúde se torna uma nova e fatal doença.

Existe, realmente, uma tendência fatal em todas as atividades humanas que é os meios invadirem os próprios fins a que estavam destinados a servir. Dessa maneira, o dinheiro vem para impedir o comércio de mercadorias, as regras das artes bloqueiam o que é genial e as avaliações impedem que jovens sejam instruídos. Infelizmente, não é sempre que os meios invasivos podem ser dispensados. Penso que o coletivismo de nossa vida é necessário e irá crescer e que a nossa única defesa contra suas propriedades letais está na vida cristã, pois nos foi prometido que viveríamos depois de pegar em serpentes e de beber veneno. Essa é a verdade por detrás da definição errônea de religião com a qual iniciamos. Foi em sua oposição à mera solidão da massa coletiva que ela errou. O cristão não é chamado ao individualismo, mas a se tornar membro do corpo místico. A consideração das diferenças entre o coletivo secular e o corpo místico é, portanto, o passo inicial para o entendimento de como o cristianismo pode contrapor o coletivismo sem ser individualista.

Desde o começo, estamos limitados por uma dificuldade de linguagem. A própria palavra *membresia* é de origem cristã, mas foi assumida pelo mundo e esvaziada de todo sentido. Em qualquer livro de lógica você vai encontrar a expressão "membros de uma classe". Precisa ser enfaticamente afirmado aqui que os itens ou as particularidades incluídos numa classe homogênea são quase o inverso do que o apóstolo Paulo quis dizer com a palavra *membros*. Com a palavra [grega] *membros* ele quis dizer aquilo que chamamos de *órgãos*, coisas essencialmente diferentes e complementares umas das outras, coisas que diferem não só em estrutura e função, mas também em dignidade. Assim, em uma associação, o comitê como um todo, bem como os empregados como um todo, podem ambos ser corretamente considerados "membros"; o que chamaríamos de membros da associação são meramente unidades. Uma fileira de soldados, identicamente vestidos e treinados, ou uma quantidade de cidadãos cadastrados, como votantes numa zona eleitoral, não são membros de coisa alguma no sentido paulino. Receio que quando descrevemos uma pessoa como "um membro da Igreja", o que normalmente dizemos nada tem a ver com o que Paulo diz; dizemos apenas que essa pessoa é uma unidade — que ela é mais um espécime de algum tipo de coisa, como X e Y e Z. Ser verdadeiramente membro num corpo difere da inclusão em algum coletivo, o que pode ser visto na estrutura de uma família. O avô, os pais, o filho já adulto, a criança, o cachorro e o gato são membros verdadeiros (no sentido orgânico), exatamente porque eles não são membros ou unidades de uma classe homogênea. Não são intercambiáveis no sentido de que não se pode substituir um por outro. Cada pessoa é quase uma espécie em si mesma. A mãe não é simplesmente uma pessoa diferente; ela é um tipo diferente de pessoa. O irmão adulto não é simplesmente uma unidade da categoria crianças; ele é um estado independente do reino. O pai e o bisavô são quase tão diferentes quanto o gato e o cachorro. Se subtrair qualquer um dos membros, você não reduzirá simplesmente a família em quantidade; você terá produzido uma ferida em sua estrutura. Sua unidade é unidade de pessoas diferentes, quase que de pessoas incomensuráveis.

Uma tênue percepção das riquezas inerentes nesse tipo de unidade é uma das razões por que gostamos de um livro como *O vento nos salgueiros*.[2] Um trio como Rato, Toupeira e Texugo simboliza a extrema diferenciação de pessoas em união harmoniosa, que sabemos intuitivamente ser o nosso verdadeiro refúgio, tanto do isolamento quanto do coletivo. A afeição entre pares tão estranhamente combinados como Dick Swiveller e a Marquesa,[3] ou do sr. Pickwick e Sam Weller[4] agrada da mesma maneira. É por isso que a noção moderna de que os filhos devem chamar seus pais pelos nomes de batismo é tão perversa, pois é um esforço que ignora a diferença em espécie que compõe uma unidade orgânica real. Estão tentando inocular a criança com a visão absurda de que a mãe é simplesmente uma concidadã, como qualquer outra pessoa, para fazê-la ignorante daquilo que todas as pessoas concebem e insensível em relação àquilo que todas as pessoas sentem. Estão tentando arrastar as repetições vazias do coletivo para dentro do mundo mais completo e concreto da família.

O prisioneiro tem um número em lugar de um nome, e essa é a ideia do coletivo levada ao extremo, mas um homem em seu lar também poderá perder seu nome, pois ele é chamado simplesmente de "Pai". Isso é ser membro de um corpo. A perda do nome nos dois casos nos lembra que existem dois modos opostos de sair do isolamento.

A sociedade para a qual o cristão é chamado no batismo não é um coletivo, mas um Corpo. De fato, é aquele Corpo do qual a família é uma imagem no nível natural. Se alguém vem a ele com a concepção errada de que ser membro da igreja é o mesmo que ser membro no sentido degradado moderno — uma aglutinação de pessoas como se elas fossem moedas ou itens — ele seria corrigido, já na entrada, pela descoberta de que o líder desse corpo é tão diferente de seus membros que eles não compartilham com ele predicado algum a não ser por analogia. Somos convocados, desde o início, a nos associar como criaturas ao nosso Criador, como mortais ao imortal, como pecadores resgatados ao Redentor sem pecado. Sua presença, a interação entre ele e nós, deve ser sempre um fator inteiramente predominante na vida que devemos viver dentro do corpo, e qualquer concepção de comunhão cristã que não signifique prioritariamente comunhão com ele está fora de questão. Depois disso, parece quase trivial traçar com detalhes a diversidade de operações para a unidade do Espírito, mas ela estará ali muito claramente. Existem sacerdotes separados dos leigos, catecúmenos separados daqueles que estão em comunhão plena. Há a autoridade do marido sobre a esposa e de pais sobre os filhos. Existe, em formas muito sutis para considerar em termos de manifestação oficial, uma troca contínua de ministrações complementares. Estamos todos constantemente ensinando e aprendendo, perdoando e sendo perdoados, representando Cristo para as pessoas, quando intercedemos por elas, e representando as pessoas para Cristo, quando outros intercedem por nós. O sacrifício da privacidade pessoal, que é diariamente exigido de nós, é recompensado diariamente, cem vezes mais, no verdadeiro crescimento da personalidade que a vida do corpo encoraja. Aqueles que são membros uns dos outros se tornam tão diferentes quanto a mão e o ouvido. Essa é a razão por que as pessoas do mundo são tão monotonamente parecidas entre si, quando comparadas com a quase fantástica variedade dos cristãos. Obediência é o caminho para a liberdade, humildade é o caminho para o prazer, unidade é o caminho para a personalidade.

Agora preciso dizer algo que pode parecer paradoxal. Você ouviu frequentemente que embora tenhamos diferentes posições no mundo, ainda assim somos todos iguais aos olhos de Deus. E claro, existem sentidos nos quais isso é verdadeiro. Deus é imparcial; seu amor para conosco não é medido por nossa posição social ou talentos intelectuais. No entanto, acredito que existe um sentido no qual essa máxima seja o inverso da verdade. Ouso dizer que a igualdade artificial é necessária no que diz respeito ao Estado, mas, na Igreja, retiramos esse disfarce, recuperamos as nossas desigualdades e somos, assim, encorajados e reanimados.

Acredito em igualdade política, mas existem duas razões opostas para ser um democrata. Você pode pensar que todos os homens são tão bons e que merecem uma parte no governo da sociedade, e são tão sábios que a sociedade necessita de seu conselho. Essa é, na minha opinião, a doutrina falsa e romântica da democracia. Por outro lado, você pode acreditar que os seres humanos decaídos são tão perversos que nenhum deles é confiável o suficiente com qualquer responsabilidade de poder sobre seus semelhantes.

A meu ver, este é o fundamento verdadeiro da democracia. Não creio que Deus criou um mundo igualitário. Acredito que a autoridade dos pais sobre criança, do marido sobre mulher, do instruído sobre o simples, que tudo isso tenha sido uma parte do plano original tanto quanto a autoridade do ser humano sobre os animais. Acredito que se o ser humano não tivesse caído, Filmer[5] estaria certo, e a monarquia patriarcal seria a única forma legal de governo, mas, uma vez que tivemos conhecimento do pecado, como o lorde Acton diz: "todo poder corrompe, e o poder absoluto corrompe de forma absoluta". O único remédio tem sido a remoção dos poderes e a substituição da ficção legal da igualdade. A autoridade do pai e do marido foi corretamente abolida no plano legal, não porque essa autoridade seja ruim por si só (pelo contrário, ela é, creio eu, divina em sua origem), mas porque pais e maridos são maus. A teocracia foi corretamente abolida não porque seja ruim que sacerdotes instruídos governem os leigos ignorantes, mas porque os sacerdotes são homens maus como o restante de nós. Tem havido interferência até mesmo na autoridade do ser humano sobre os animais, porque ela é constantemente abusada.

Para mim, a igualdade está na mesma posição das roupas. É um resultado da Queda e um remédio para ela. Qualquer tentativa de refazer os passos por meio dos quais chegamos ao igualitarismo e a reintroduzir as velhas autoridades no nível político é, na minha opinião, tão ridículo quanto seria tirar as nossas roupas. Os nazistas e os nudistas cometem o mesmo erro, mas é o corpo nu, ainda presente debaixo das roupas de cada um de nós, que realmente vive. É o mundo hierárquico, ainda vivo e (muito apropriadamente) escondido por trás da fachada da cidadania igualitária, que é a nossa real preocupação.

Não me entenda mal. Não desejo, de forma alguma, minimizar o valor da ficção igualitária, que é a nossa única defesa contra a crueldade alheia. Eu veria com grande desaprovação qualquer proposta de abolir o sufrágio universal, ou a lei que protege o direito de propriedade das mulheres casadas, mas a função da igualdade é meramente protetora. É medicamento, não alimento. Ao tratar as pessoas humanas (em desafio ponderado aos fatos observados) como se todas elas fossem um mesmo tipo de coisa, evitamos diversos males, mas não é com base nisso que fomos feitos para viver. É desnecessário dizer que as pessoas têm o mesmo valor. Se tomarmos a expressão valor num sentido mundano — se queremos dizer que todas as pessoas são igualmente úteis, bonitas, boas ou divertidas — então, isto é um absurdo. Se queremos dizer que todos têm valor igual na condição de almas imortais, então, penso eu, esconde-se aqui um perigoso erro. O valor infinito de cada alma humana não é uma doutrina cristã. Deus não morreu pelo ser humano por causa de algum valor que tenha percebido nele. O valor de cada alma humana, considerada simplesmente em si mesma, sem um relacionamento com

Deus, é zero. Como o apóstolo Paulo escreve, morrer por pessoas de valor não teria sido divino, mas meramente heroico; contudo, Deus morreu por pecadores. Ele nos amou não porque éramos dignos de amor, mas porque ele é amor. Pode até ser que ele ame a todos de forma igual — ele certamente amou a todos até a morte —, e não estou certo do que essa expressão significa. Se houver igualdade, está no amor que Deus demonstra, não em nós.

Igualdade é um termo quantitativo e, portanto, o amor frequentemente nada sabe a respeito disso. A autoridade exercida com humildade e a obediência oferecida com prazer são as verdadeiras linhas nas quais nossos espíritos vivem. Até mesmo na vida das afeições, muito mais no corpo de Cristo, nós nos afastamos do mundo, que diz: "Eu sou tão bom quanto você". É como mudar da marcha para a dança. É como tirar a nossa roupa. Nós nos tornamos, nas palavras de Chesterton, mais altos quando nos curvamos, e mais baixos quando instruímos. Tenho satisfação com o fato de que há momentos nos cultos de minha igreja quando o sacerdote fica de pé e eu me ajoelho. À medida que a democracia se torna mais completa no mundo exterior, e as oportunidades de reverência são sucessivamente removidas, o refrigério, a purificação e retornos revigorantes à diversidade, que a igreja nos oferece, se tornam cada vez mais necessários.

Dessa maneira, portanto, a vida cristã defende a personalidade singular sobre a coletiva, não ao isolar o cristão, mas ao dar a ele o status de um órgão no corpo místico. Como diz o livro do Apocalipse, ele será feito "uma coluna no santuário do meu Deus" e acrescenta "e dali ele jamais sairá". Isso apresenta uma nova perspectiva ao nosso tema. A posição estrutural na Igreja que o cristão mais humilde ocupa é eterna e mesmo cósmica. A Igreja permanecerá depois do universo; e nela a pessoa individual permanecerá depois do universo. Tudo aquilo que estiver ligado à cabeça imortal participará de sua imortalidade. Ouvimos muito pouco a esse respeito do púlpito cristão hoje em dia. O que nosso silêncio a respeito disso produz pode ser verificado do fato de que, ao falar à Força Expedicionária Britânica recentemente sobre esse assunto, descobri que alguém no meu auditório considerava essa doutrina como "teosófica". Se nós não cremos nisso, sejamos honestos e releguemos a fé cristã aos museus.

No caso de crermos, deixemos de lado o fingimento de que isso não faz diferença nenhuma, pois essa é a resposta verdadeira para qualquer afirmação excessiva feita pelo coletivo. Este último é mortal, nós viveremos para sempre. Chegará o momento em que cada cultura, cada instituição, cada nação, a raça humana, toda vida biológica será extinta e cada um de nós estará vivo. A imortalidade nos é prometida, mas não a essas generalidades. Não foi por sociedades ou estados que Cristo morreu, mas pelas pessoas. Nesse sentido, à vista das coletividades seculares, o cristianismo sustenta uma afirmação quase frenética da individualidade. Entretanto, não é o indivíduo como tal que irá compartilhar a vitória de Cristo sobre a morte. Compartilharemos a vitória ao estar com o Vitorioso. Uma rejeição, ou na forte linguagem das Escrituras, uma crucificação do eu natural é o passaporte para a vida eterna. Nada que não tenha morrido há de ressuscitar. É desse modo que o cristianismo remove a antítese entre o individualismo e o coletivismo. Aí reside a enervante ambiguidade de nossa fé, como percebida pelos de fora. Ela resiste, de forma firme, ao individualismo natural; por outro lado, oferece como retorno, àqueles que abandonam o individualismo, uma possessão eterna de seu próprio ser pessoal, mesmo de seus corpos. Como meras entidades biológicas, cada um de nós nada vale com sua vontade separada para viver e para expandir; somos apenas comida de gado, mas, como órgãos no corpo de Cristo, como pedras e colunas no templo, temos a nossa identidade garantida e viveremos para nos lembrar de galáxias de um conto antigo.

Isso pode ser colocado de outra maneira. A personalidade é eterna e inviolável, mas não é um dado a partir do qual iniciamos. O individualismo no qual todos nós iniciamos é somente uma paródia ou sombra disso. A verdadeira personalidade está mais à frente — a que distância, para a maioria de nós, não ouso dizer, e a chave para tanto não está em nós. Não é algo que será alcançado por um desenvolvimento de dentro para fora. Assim como uma cor revela sua verdadeira qualidade quando é colocada, por um excelente artista, em seu lugar pré-selecionado entre certas outras, como um tempero revela seu verdadeiro sabor quando é inserido exatamente onde e quando um bom cozinheiro o quer entre os outros ingredientes, como um cão realmente se torna um cachorrinho de estimação somente quando ele toma seu lugar na casa de uma pessoa, também nós seremos verdadeiras pessoas quando tivermos sido, nós mesmos, colocados em nossos lugares. Somos o mármore que aguarda ser esculpido, o metal esperando ser colocado num molde. Não há dúvida, já existem, mesmo em nosso eu não regenerado, pequenos indícios do tipo de molde que está designado a cada um, ou que espécie de coluna ele será. Mas é, creio eu, um grande exagero retratar a alma salva como sendo, normalmente, algo como o desenvolvimento de uma semente até a flor. As próprias palavras *arrependimento, regeneração, nova criatura,* sugerem algo muito diferente. Algumas tendências em cada pessoa natural podem ter de ser simplesmente rejeitadas. Nosso Senhor fala de olhos sendo arrancados e mãos sendo cortadas — um método de adaptação francamente procusteano.

A razão por que recuamos disso é que temos começado, em nossa própria época, a colocar o quadro de cabeça para baixo. A começar pela doutrina que diz que cada individualidade tem um "valor infinito", nós, então, projetamos Deus como uma espécie de balcão de empregos, cujo negócio é encontrar carreiras apropriadas para as almas, círculos quadrados para parafusos quadrados. Na verdade, porém, o valor do indivíduo não está nele mesmo. Ele é capaz de receber valor. Ele o recebe pela união com Cristo. Não existe nenhuma ideia de encontrar um lugar para ele no templo vivo que fará justiça a seu valor inerente e lhe dará espaço para sua idiossincrasia natural. O lugar já estava lá. A pessoa foi criada para ele. Ele não será ele mesmo até chegar lá. Somente no Céu nós seremos pessoas realmente divinas, verdadeiras e eternas, assim como, mesmo agora, nossos corpos só têm cor por causa da luz.

Dizer isso é repetir aquilo que todos aqui já admitem saber — que somos salvos pela graça, que em nossa carne não habita nada de bom, que somos, o tempo todo, criaturas e não criadores, seres derivados, vivendo não de nós mesmos, mas a partir de

Cristo. Se parece que compliquei uma questão simples, espero que você me perdoe. Estou ansioso por apresentar dois pontos. Tenho desejado tentar dissipar aquela adoração do indivíduo humano simplesmente como tal, que é muito anticristã, e é tão desenfreada no pensamento moderno, lado a lado com o coletivismo, pois um erro origina o outro e, longe de neutralizar, cada um agrava o outro erro. Quero dizer com isso a noção perniciosa (é possível ver isso na crítica literária) que cada um de nós começa com um tesouro, a "personalidade", fechado dentro de si, e que o maior propósito da vida é expandi-lo e expressá-lo, mantendo-o longe de interferência, para ser "original". Isso é pelagianismo, ou pior, e criar as condições da própria destruição.

Nenhuma pessoa que valoriza a originalidade jamais será original. No entanto, tente falar a verdade como você a vê, tente fazer cada parte de seu trabalho tão bem quanto possível, pelo trabalho em si, e aquilo que as pessoas denominam originalidade surgirá sem que seja buscado. Mesmo nesse nível, a submissão do indivíduo à função já estará em andamento para fazer com que a verdadeira personalidade venha à luz. E, em segundo lugar, eu queria mostrar que o cristianismo não está preocupado, no longo prazo, nem com indivíduos nem com comunidades. Não é o indivíduo nem a comunidade, como o

O SIGNIFICADO DE SER PARTE DO CORPO DE CRISTO

pensamento popular entende, que irá herdar a vida eterna, nem o eu natural nem a massa coletiva, mas uma nova criatura.

---

[1] O calendário romano chamava o primeiro dia de cada mês de "calendas", diferentemente do grego que não usava tal nomenclatura. Por isso, quando os romanos passaram a usar a expressão "calendas gregas", estavam ironicamente se referindo a um dia inexistente ou que jamais chegaria. [N. E.]
[2] A fábula é um dos maiores clássicos da literatura infantil, foi escrita pelo britânico Kenneth Grahame em 1908. [N. E.]
[3] Personagens do romance The Old Curiosity Shop [A loja de antiguidades] do inglês Charles Dickens, considerado por muitos o maior romancista da era vitoriana. [N. E.]
[4] Personagens do romance As aventuras do sr. Pickwick de Charles Dickens. [N. E.]
[5] Sir Robert Filmer (c. 1588-1653), teórico político inglês que defendeu o direito divino de reis. [N. E.]

QUESTÕES PRÁTICAS SOBRE SER UM CRISTÃO HOJE

Deus no banco dos réus

(do capítulo "Respostas a perguntas sobre o cristianismo")

[As respostas às perguntas publicadas aqui foram proferidas por Lewis no programa "One Man Brains Trust", transmitido em 18 de abril de 1944 na sede da empresa Electric and Musical Industries Ltd. em Hayes, Middlesex. Notas taquigráficas foram feitas, e uma transcrição foi enviada a Lewis. Depois de pequenas revisões, o texto foi impresso em 1944. O sr. H. W. Bowen foi o entrevistador.]

Lewis:

Pediram-me que começasse com algumas palavras sobre o cristianismo e a indústria moderna. Ora, indústria moderna é um assunto a respeito do qual eu nada sei. Contudo, justamente por este motivo é que ela pode ilustrar aquilo que o cristianismo, em minha opinião, faz e não faz. O cristianismo, por exemplo, *não* substitui a técnica. Quando nos manda alimentar os famintos, ele não dá lições de culinária. Se quisermos aprender *isso*, temos de consultar um cozinheiro, não um cristão. Caso você não seja um economista profissional nem tenha experiência com indústria, apenas ser cristão não lhe dará a resposta para os problemas industriais. Minha opinião é que a indústria moderna é um sistema radicalmente sem esperança. É possível melhorar salários, carga horária, condições e outros aspectos, mas nada disso soluciona o problema mais profundo — isto é, as multidões que passam a vida toda em trabalhos maçantes e repetitivos que não lhes permitem desempenhar plenamente suas faculdades. Como isso pode ser superado, eu não sei.

Se um único país abandonasse o sistema, ele simplesmente viraria uma presa para os outros países que não fizeram o mesmo. Eu desconheço a solução, pois este não é o tipo de coisa que o cristianismo ensina a alguém como eu. Agora, vamos às perguntas.

Pergunta 1:

Os cristãos são ensinados a amar o próximo. Como, portanto, eles justificam sua postura a favor da guerra?

LEWIS:

Somos instruídos a amar o próximo como a nós mesmos. E como nós nos amamos? Tomando como base minha própria mente, percebo que não amo a mim mesmo por considerar-me um bom camarada ou por nutrir sentimentos afetuosos por minha própria pessoa. Eu não creio que amo a mim mesmo por ser um indivíduo especialmente bom, mas apenas porque sou eu mesmo, independentemente de meu caráter. Eu talvez deteste algo que tenha feito, mas não deixo de me amar por causa disso. Em outras palavras, aquela distinção clara que os cristãos fazem entre odiar o pecado e amar o pecador é uma distinção que fazemos com relação a nós mesmos desde que nascemos. Não gostamos do que fizemos, mas nem por isso deixamos de nos amar. Em nosso parecer, talvez até devêssemos ser enforcados. Talvez pensemos, inclusive, que o certo mesmo seria nos apresentarmos à polícia, confessar o que fizemos e receber a pena de morte. O amor não é um sentimento afetuoso, mas um desejo constante pelo bem maior da pessoa amada até onde for possível obtê-lo. No pior dos cenários, portanto, creio que, caso não se consiga conter um homem por método algum exceto pela tentativa de matá-lo, isto é o que o cristão deve fazer. Esta é minha resposta, mas posso estar errado. É, sem dúvida, muito difícil de responder.

Pergunta 2:

Supondo que um operário lhe perguntasse: "Como posso encontrar Deus?", como você responderia?

Lewis:

Eu não vejo como o problema seria diferente para um operário em relação a qualquer outro indivíduo. O básico a respeito de qualquer homem é que ele é um ser humano e compartilha de todas as tentações e qualidades humanas comuns. Qual é o problema especial do operário? No entanto, talvez seja importante o que direi a seguir.

O cristianismo realmente faz duas coisas com as condições deste mundo aqui e agora: (1) ele tenta melhorá-las até onde for possível, isto é, reformá-las; mas também (2) fortifica-nos contra elas na medida em que permanecem más.

Se quem fez a pergunta tiver o problema do trabalho repetitivo em mente, a dificuldade do operário é a mesma de qualquer outro homem defrontado com sofrimento ou dificuldade. As pessoas encontrarão Deus se buscarem nele a postura correta diante das coisas desagradáveis... se é que a pergunta foi essa.

Pergunta 3:
Por favor, defina cristão praticante. Há outras variedades de cristãos?

LEWIS:

Certamente há muitas outras variedades. Quanto à definição, ela depende, evidentemente, do que você quer dizer com "cristão praticante". Caso se refira a alguém que pratica o cristianismo em todos os aspectos e em todos os momentos da vida, só há um cristão praticante: o próprio Cristo. Neste sentido, não há cristãos praticantes, mas somente cristãos que, em graus variados, tentam praticá-lo, fracassam e começam de novo. Uma prática perfeita do cristianismo consistiria, naturalmente, de uma perfeita imitação da vida de Cristo — quer dizer, na medida em que isso fosse aplicável às circunstâncias particulares de cada indivíduo. Esta prática, porém, não deveria acontecer de modo insensato; ela não significa que todo cristão deve deixar a barba crescer, ser celibatário ou tornar-se um pregador itinerante. Significa que cada ato e sentimento, cada experiência, agradável ou desagradável, devem ser submetidos a Deus. Significa enxergar tudo como algo que vem dele e sempre consultá-lo, buscar sua vontade em primeiro lugar e questionar-se: "Como ele gostaria que eu lidasse com isso?".

Uma imagem ou figura (muito remota) da relação entre o cristão perfeito e seu Deus seria a relação entre um bom cão e seu dono. Esta é uma imagem muito imperfeita porque o cão não dispõe de razão como o dono. Nós, em contrapartida, compartilhamos da razão de Deus, mesmo que de uma maneira imperfeita e interrompida ("interrompida" porque não pensamos de modo racional por muito tempo de uma vez — é cansativo demais — e não temos informações para entender as coisas completamente, além do fato de nossa própria inteligência ter algumas limitações). Desta forma, somos mais parecidos com Deus do que o cão, conosco, embora, sem dúvida, haja outros aspectos em que o cão é mais parecido conosco do que nós, com Deus. É apenas uma ilustração.

Pergunta 4:

Quais são as justificativas éticas e sociais para o posicionamento da Igreja com relação às doenças venéreas, sua profilaxia e a publicidade que delas se faz?

Lewis:

Preciso de mais esclarecimentos para saber se consigo responder à pergunta. Você poderia me dizer qual Igreja tem em mente?

Voz:

A Igreja em questão é a Igreja da Inglaterra. Seu posicionamento, embora não declarado, fica implícito no fato de ela ter mais ou menos banido toda publicidade relacionada aos métodos profiláticos contra as doenças venéreas. A opinião de alguns quanto a isso é que, para a Igreja, a punição moral não deve ser evitada.

Lewis:

Eu desconheço qualquer líder da Igreja da Inglaterra que tenha essa opinião, e eu também não tenho. Existem objeções óbvias a isso. Afinal de contas, não são apenas as doenças venéreas que podem ser consideradas punições por má conduta. Muito embora a indigestão na velhice possa ser consequência da glutonaria na juventude, ninguém se opõe a anúncios de digestivos. Eu, pelo menos, discordo fortemente da opinião mencionada.

Pergunta 5:

Muitas pessoas sentem rancor ou tristeza por acreditar que são alvos de um destino injusto. Estes sentimentos são estimulados por luto, doença, más condições no lar ou no trabalho e a observação do sofrimento alheio. Qual é a opinião cristã quanto a este problema?

Lewis:

A opinião cristã é que os homens foram criados para viver em determinado relacionamento com Deus (se tivermos este relacionamento com ele, o relacionamento correto com os outros homens será uma consequência inevitável). Cristo disse que é difícil para o "rico" entrar no Reino dos céus,[1] referindo-se, sem dúvida, às "riquezas" no sentido comum do termo. No entanto, eu acho que a palavra abrange riquezas em todos os sentidos: prosperidade, saúde, popularidade e tudo aquilo que se deseja ter. Todas essas coisas tendem — tal como o dinheiro — a dar-nos a sensação de independência de Deus porque, se as temos, já somos felizes e satisfeitos nesta vida. Não queremos nos voltar para mais nada e, portanto, tentamos descansar em uma felicidade ilusória como se ela fosse durar para sempre. Deus, entretanto, quer nos dar uma felicidade verdadeira e eterna. Por conseguinte, talvez precise tomar todas essas "riquezas" de nós; caso não as tome, continuaremos confiando nelas. Soa cruel, não? Contudo, estou começando a descobrir que aquilo que as pessoas chamam de doutrinas cruéis são, na verdade, as mais benignas em longo prazo. Eu costumava achar que era uma doutrina "cruel" afirmar que os problemas e os sofrimentos são "castigos". Mas, na prática, percebo que, quando estamos em dificuldades, fica mais fácil suportá-las quando olhamos para elas como "castigos". Quando pensamos que este mundo é um lugar destinado apenas à nossa felicidade, ele passa a ser absolutamente intolerável. Pense nele, em vez disso, como um lugar de treinamento e correção, assim ele não será tão ruim.

Imagine um grupo de pessoas vivendo no mesmo prédio. Metade delas acha que se trata de um hotel, e a outra metade, de uma prisão. Aquelas que acreditam estar em um hotel talvez o considerem insuportável, mas aquelas que acreditam estar em uma prisão talvez considerem o local surpreendentemente confortável. De igual modo, o que parece ser uma doutrina desagradável, na realidade, acaba por nos consolar e fortalecer. As pessoas que procuram ter uma visão otimista do mundo passam a ser pessimistas, e as pessoas que têm uma perspectiva bem austera tornam-se otimistas.

Pergunta 6:

Os materialistas e alguns astrônomos sugerem que o sistema planetário solar e a vida como a conhecemos surgiram por uma colisão estelar acidental. Qual é a opinião cristã sobre esta teoria?

Lewis:

Se o sistema solar surgiu por uma colisão acidental, o surgimento da vida orgânica neste planeta também foi um acidente, bem como toda a evolução do homem. Neste caso, todos os nossos pensamentos atuais são meros acidentes — afinal, são o subproduto acidental do movimento atômico. E isso vale para os pensamentos dos materialistas e astrônomos bem como para os de qualquer outra pessoa. Mas se os pensamentos *deles* — isto é, dos materialistas e astrônomos — são meros subprodutos acidentais, por que devemos acreditar que são verdadeiros? Não vejo razão alguma para crer que um acidente seria capaz de dar-me uma explicação correta de todos os demais acidentes. É como esperar que a forma aleatória assumida pelo líquido quando o jarro de leite cai no chão explique corretamente como o jarro foi feito e por que o leite foi derramado.

Pergunta 7:

É verdade que o cristianismo (especialmente nas formas protestantes) tende a produzir uma condição triste e melancólica na sociedade que incomoda a maioria das pessoas?

LEWIS:

Quanto à distinção entre o protestantismo e outras formas de cristianismo, é questão muito difícil de responder. Ao ler sobre o século XVI, eu descubro que pessoas como Sir Thomas More, por quem tenho grande respeito, sempre consideraram as doutrinas de Martinho Lutero não como pensamentos sombrios, mas como pensamentos esperançosos. Duvido que seja possível fazer uma distinção entre o protestantismo e outras linhas nesse aspecto. Agora, acho muito difícil responder se o protestantismo é melancólico ou se o cristianismo de modo geral produz melancolia, pois nunca vivi em uma sociedade totalmente não cristã nem em uma sociedade inteiramente cristã. Além do mais, eu não participei do século XVI, e o conhecimento que tenho provém apenas de livros. Acredito que haja a mesma dose de alegria e de melancolia em todos os períodos. Os poemas, os romances, as cartas e outras produções de todos os períodos demonstram isso. Porém, uma vez mais, eu realmente não sei a resposta, é claro. Eu não estava lá.

Pergunta 8:

É verdade que os cristãos devem estar preparados para viver uma vida de desconforto e sacrifício pessoais como condição para receber o suposto "galardão"?

LEWIS:

Todas as pessoas, sejam cristãs ou não, devem estar preparadas para viver uma vida de desconforto. É inviável buscar o cristianismo com vistas ao conforto, pois o objetivo do cristão é oferecer-se à vontade de Deus, a fazer o que Deus deseja que ele faça. Não sabemos de antemão se Deus nos colocará diante de algo difícil ou doloroso ou diante de algo que apreciaremos; e alguns indivíduos de caráter heroico chegam até mesmo a ficar desapontados quando a tarefa que lhes foi atribuída acaba sendo agradável. Contudo, temos de estar preparados para as coisas desagradáveis e os desconfortos. Não estou falando de jejum nem de coisas do tipo. Isso é outra história. Quando se treina soldados em manobras, utiliza-se munições falsas porque o objetivo é conferir-lhes experiência antes que se deparem com o verdadeiro inimigo. Portanto, devemos praticar abstendo-nos de prazeres que, em si, não são maus. Se não nos abstivermos de prazer, não seremos bons quando o momento chegar. É puramente uma questão de prática.

Voz:

Por acaso, práticas como o jejum e a abnegação não foram apropriadas pelo cristianismo de religiões mais antigas ou primitivas?

Lewis:

Não sei dizer ao certo quais elementos do cristianismo são provenientes de religiões mais antigas, mas uma quantidade enorme o é. Seria difícil para mim acreditar no cristianismo se não fosse assim. Eu não poderia crer que 999 religiões eram completamente falsas e que somente a única restante era verdadeira. Na realidade, o cristianismo é essencialmente o cumprimento da religião judaica, mas também o cumprimento daquilo que foi vagamente insinuado pelo que há de melhor em todas as religiões. Aquilo que se apresentou de modo vago em todas elas recebe o foco no cristianismo — tal como o próprio Deus recebe o foco tornando-se homem. Presumo, entretanto, que a observação sobre as religiões mais antigas seja baseada em evidências de selvagens modernos. Eu não acho que esta seja uma boa evidência. Os selvagens modernos geralmente representam certa decadência na cultura — ao vê-los fazer determinadas coisas, parece que eles já tiveram uma base razoavelmente civilizada antes, mas que foi esquecida. Inferir que o homem primitivo era exatamente como o selvagem moderno é uma atitude infundada.

Voz:

Você poderia falar mais sobre como é possível descobrir se uma tarefa foi atribuída a alguém por Deus ou por outra circunstância? Se não podemos fazer distinção entre coisas agradáveis e desagradáveis neste caso, a questão é complicada.

Lewis:

Nós somos guiados pelas regras comuns de comportamento moral, as quais acredito ser mais ou menos comuns à raça humana, bastante razoáveis e exigidas pelas circunstâncias. Não imagino uma atitude tal como a de sentar-se e esperar uma visão sobrenatural.

Voz:

Nós não merecemos o céu por aquilo que praticamos; a salvação é obtida na cruz. Nada fazemos para alcançá-lo, salvo seguir a Cristo. Podemos ter dores ou tribulações, mas nada do que fizermos nos tornará merecedores do céu, somente Cristo.

Lewis:

A controvérsia da fé e das obras existe há muito tempo e é um assunto extremamente técnico. Eu, pessoalmente, me baseio no seguinte texto paradoxal: "ponham em ação a salvação de vocês [...] pois é Deus quem efetua em vocês".[2] Parece que, de um lado, nós nada fazemos e, de outro, fazemos muitíssimo. A passagem diz: "ponham em ação a salvação de vocês com temor e tremor"[3], ou seja, é preciso tê-la em nosso interior para que possamos colocá-la em prática. Porém, não me aprofundarei nisto, visto que somente os cristãos presentes se interessariam, não é mesmo?

Pergunta 9:

A aplicação de padrões cristãos reduziria consideravelmente ou poria fim ao progresso científico e material? Em outras palavras, é errado para o cristão ser ambicioso e lutar por sucesso pessoal?

LEWIS:

É mais fácil pensar em um exemplo simplificado. De que maneira a aplicação do cristianismo afetaria um indivíduo em uma ilha deserta? Ele estaria menos propenso a construir uma cabana confortável? A resposta é: "Não". Talvez chegasse um momento, é claro, em que o cristianismo lhe dissesse para se importar menos com a cabana caso ele estivesse correndo o risco de considerá-la a coisa mais importante do universo. Todavia, não há qualquer evidência de que o cristianismo o impediria de construí-la.

Ambição! Devemos ter cuidado com o que queremos dizer com isso. Caso signifique o desejo de estar à frente das outras pessoas — o que eu acho que a palavra significa —, então é algo mau. Caso signifique simplesmente o desejo de fazer algo com qualidade, então é algo bom. Não é errado ao ator querer desempenhar seu papel da melhor maneira possível, mas a vontade de que seu nome receba mais destaque no cartaz do que o dos outros atores é má.

Voz:

Não há problema algum em ser general, mas se alguém tem a ambição de se tornar general, então não deveria sê-lo.

Lewis:

O simples ato de tornar-se general não é certo nem é errado em si. Do ponto de vista moral, o que importa é a postura do indivíduo em relação a isso. Ele talvez almeje vencer uma guerra; talvez queira ser general porque sinceramente acredita ter um bom plano e ficaria feliz em colocá-lo em prática. Até aí, tudo bem. Mas se ele estiver pensando: "O que eu poderia ganhar com isso?" ou "Como eu poderia sair na primeira página do jornal *Illustrated News*?", então está tudo errado. E aquilo a que chamamos de "ambição" geralmente significa o desejo de ser mais preeminente ou bem-sucedido do que outra pessoa. Este elemento competitivo é que é mau. É perfeitamente razoável querer dançar bem ou ter boa aparência. No entanto, quando o desejo dominante é de dançar melhor ou ser mais atraente do que os outros — quando se começa a achar que não há graça alguma quando os outros dançam tão bem quanto você ou têm uma aparência tão boa quanto à sua —, então, você está no caminho errado.

Voz:

Pergunto-me até onde podemos atribuir à obra do diabo os desejos legítimos a que nos entregamos. Algumas pessoas têm uma concepção muito sensível de sua presença; outras, não. O diabo é tão real quanto pensamos ser? Isso não preocupa certas pessoas porque elas não têm desejo algum de ser boas, mas outras são continuamente perturbadas pelo velho inimigo.

Lewis:

Não há qualquer referência ao diabo ou aos demônios nos credos cristãos, e é bem possível ser cristão sem acreditar neles. Eu creio na existência de tais seres, mas isso é pessoal. Supondo que eles existam, tudo indica que o grau de consciência dos seres humanos a seu respeito varia muito. Quero dizer, quanto mais um homem está sob o poder do diabo, menos ele está ciente disso — assim como se pode afirmar que o indivíduo ainda está sóbrio o bastante enquanto tiver consciência de que está bêbado. As pessoas completamente despertas que se esforçam para ser boas são as mais conscientes da presença do diabo. É somente quando começamos a nos armar contra Hitler que percebemos como o país está tomado por agentes nazistas. É claro, eles não querem que você acredite no diabo. Se demônios existem, seu primeiro objetivo é anestesiar-nos — tirar-nos de nosso estado de alerta. Quando isto falha, nós nos tornamos conscientes de sua presença.

Voz:

O cristianismo retarda o progresso científico? Ou ele aprova quem oferece ajuda espiritual aos perdidos removendo cientificamente as causas ambientais do problema?

Lewis:

Sim. Em teoria, sem dúvida. Se, em determinado momento, a maioria dos seres humanos estiver concentrada apenas nas melhorias materiais do ambiente, talvez seja dever dos cristãos indicar (em alto e bom som) que esta não é a única coisa que importa. No entanto, como regra geral, o cristianismo é a favor de todo o conhecimento e de tudo aquilo que possa ajudar a raça humana de alguma maneira.

Pergunta 10:

A Bíblia foi escrita há milhares de anos para pessoas em um estado inferior de desenvolvimento mental do que hoje. Muitas partes parecem absurdas à luz do conhecimento moderno. Em vista disso, a Bíblia não deveria ser reescrita com o objetivo de descartar o fantástico e reinterpretar o restante?

Lewis:

Antes de mais nada, eu gostaria de me ater ao que foi dito sobre as pessoas terem um estado inferior de desenvolvimento mental. Eu não estou bem certo do que se esconde por trás disso. Caso signifique que as pessoas há dez mil anos ignoravam muitas coisas que sabemos agora, com certeza concordo. Porém, caso signifique que houve algum tipo avanço na *inteligência* desde aquela época, creio não haver qualquer evidência para tal afirmação. A Bíblia pode ser dividida em duas partes: o Antigo e o Novo Testamento. O Antigo Testamento contém elementos fantásticos. O Novo Testamento consiste principalmente de ensinamentos, não de narrativas; mas, onde *há* narrativas, elas são, em minha opinião, históricas. Quanto ao elemento fantástico no Antigo Testamento, duvido muito se seria uma atitude sábia descartá-lo. O que temos ali é algo *sendo enfocado aos poucos*. Primeiro, dispersa por religiões pagãs em todo o mundo, temos a ideia — embora ainda muito vaga e mítica — de um deus que é morto e derrotado e, depois, volta à vida. Ninguém sabe onde ele viveu e morreu; ele não é histórico. Em seguida, temos o Antigo Testamento. As ideias religiosas ganham um pouco mais de nitidez. Tudo agora está associado a uma nação específica. E, ao longo do texto, elas recebem cada vez mais foco. Jonas e a baleia[4] ou Noé e sua arca[5] são fantásticos; porém, a história do rei Davi[6] é provavelmente tão confiável quanto a história de Luís XIV. Então, no Novo Testamento, as *coisas realmente acontecem*. O deus que morre de fato surge — como uma pessoa histórica vivendo em um lugar e em um tempo definidos. Se *pudéssemos* selecionar todos os elementos fantásticos nos estágios anteriores e separá-los dos históricos, creio que perderíamos uma parte essencial de todo o processo. Esta é minha opinião.

Pergunta 11:

Qual religião do mundo produz mais felicidade?

LEWIS:

Qual religião do mundo produz mais felicidade? A religião da adoração própria é a melhor — enquanto dura.

Tenho um conhecido com cerca de oitenta anos de idade que passou a vida toda imerso em egoísmo e vaidade e é, mais ou menos — lamento dizer — um dos homens mais felizes que conheço. Do ponto de vista moral, é muito difícil! Não estou abordando a questão a partir deste ângulo. Como você talvez saiba, eu nem sempre fui cristão. E não procurei a religião para ser feliz. Eu sempre soube que uma garrafa de vinho do Porto bastava para isso. Caso você queira uma religião para se sentir muito confortável, eu certamente não recomendo o cristianismo. Tenho certeza de que deve haver um artigo norte-americano no mercado por aí capaz de atendê-lo muito melhor, mas não posso aconselhar neste quesito.

Pergunta 12:

Há sinais exteriores inconfundíveis em uma pessoa entregue a Deus? Ela pode ser rabugenta? Pode fumar?

Lewis:

Gosto de pensar nas propagandas da pasta de dente "White Smiles", as quais alegam que esta é a melhor pasta no mercado. Se isso for verdade, o seguinte se aplica: (1) quem começa a usar esta pasta tem dentes melhores; e (2) quem a usa tem dentes melhores do que teria se não a usasse. Todavia, sua eficiência não pode ser testada colocando-se, de um lado, alguém que tem dentes ruins por natureza e utilizou este produto e, de outro, um africano com dentes impecáveis que nunca usou uma pasta de dente na vida.

Considere o caso de uma solteirona amargurada que é cristã, porém rabugenta, e de um camarada agradável e popular que nunca sequer foi à igreja. Quem saberia dizer se a solteirona seria ainda mais rabugenta se *não* fosse cristã e se o colega gentil seria ainda mais agradável se *fosse* cristão? Não se pode julgar o cristianismo simplesmente comparando o *resultado* visto nessas duas pessoas; seria necessário saber em que tipo de matéria-prima Cristo operou em ambos os casos.

Como ilustração, vamos examinar um caso do industrialismo. Consideremos duas fábricas: (1) a Fábrica A, com instalações medíocres e inadequadas; e (2) a Fábrica B, com instalações modernas de primeira classe. Não se pode julgar pelo exterior; é preciso considerar as instalações e os métodos empregados em cada fábrica. Considerando as instalações da Fábrica A, talvez surpreenda o fato de ela sequer conseguir produzir alguma coisa; e, considerando o maquinário novo da Fábrica B, talvez surpreenda o fato de ela não produzir muito mais do que atualmente produz.

Pergunta 13:

Qual é sua opinião sobre rifas nas fábricas, por mais nobre que seja a causa — a qual, não raro, recebe menos importância do que a fascinante lista de prêmios?

Lewis:

O jogo nunca deve ser parte importante na vida do homem. Se for uma maneira de transferir grandes somas de dinheiro de pessoa para pessoa sem fazer qualquer bem (por exemplo, gerar emprego, agir por boa vontade, entre outros), então é uma coisa má. Se for feito em pequena escala, não acho que seja uma coisa ruim. Não sei muito sobre o assunto porque este é praticamente o único vício ao qual não sou tentado, e creio ser um risco falar sobre coisas que não fazem parte de minha própria constituição, porque eu não entendo como funcionam. Se alguém me pede para jogar bridge valendo dinheiro, eu apenas digo: "Quanto você espera ganhar? Tome aqui a quantia e vá embora."

Pergunta 14:
Muitas pessoas simplesmente não conseguem entender as diferenças teológicas que causaram as divisões na Igreja cristã. Você considera essas diferenças fundamentais? E acha que o tempo é oportuno para uma reunificação?

Lewis:

O tempo é sempre oportuno para reunificação. As divisões entre os cristãos são pecado e escândalo, e eles devem, a todo momento, contribuir para sua reunificação, mesmo que seja apenas por meio de oração. Sou só um leigo, um cristão novo, e não sei muito sobre essas coisas; porém, em tudo aquilo que escrevi e pensei, sempre assumi posições tradicionais, dogmáticas. Como consequência, chegam até mim cartas de apoio enviadas por tipos de cristãos considerados muito diferentes; por exemplo, recebo cartas de jesuítas, monges, freiras e também de *quakers*, dissidentes galeses e outros. Assim, parece-me que os elementos "extremistas" de cada igreja estão mais próximos uns dos outros e que as pessoas liberais e "tolerantes" de cada corpo nunca poderiam se unir. O mundo do cristianismo dogmático é um lugar em que milhares de pessoas dos mais variados tipos afirmam sempre a mesma coisa, e o mundo da "tolerância" e da "religião" enfraquecida é um mundo em que um pequeno número de pessoas (todas do mesmo tipo) dizem coisas totalmente diferentes e mudam de opinião a cada minuto. Nunca chegaremos à reunificação no que depender delas.

Pergunta 15:

No passado, a Igreja utilizou diversos métodos de coerção para obrigar a comunidade a seguir um tipo específico de cristianismo. Com poder suficiente, não existe o perigo de este tipo de situação acontecer novamente?

Lewis:

Sim, ouço boatos horríveis provenientes da Espanha. A perseguição é uma tentação à qual todos os homens estão expostos. Eu recebi um cartão postal assinado por "M.D." dizendo que quem expressasse e anunciasse sua crença no nascimento virginal deveria ser despido e flagelado. Isso mostra a facilidade com que a perseguição de cristãos por não cristãos pode voltar. É claro, eles não a chamariam de perseguição; chamariam de "reeducação compulsória de pessoas com ideologias impróprias" ou algo do tipo. Mas, sem dúvida, tenho de admitir que os próprios cristãos foram perseguidores no passado. Neste caso, foi pior porque *eles* deveriam ter mais discernimento; de resto, sua atitude não foi em nada pior do que as demais. Detesto qualquer tipo de compulsão religiosa. Outro dia mesmo, escrevi uma carta indignada para o jornal *The Spectator* a respeito das procissões realizadas na Guarda Nacional!

Pergunta 16:

Frequentar um local de culto ou ser membro de uma comunidade cristã é ação necessária ao estilo de vida cristão?

Lewis:

Essa é uma pergunta a que não posso responder. Minha experiência é esta: quando me tornei cristão, cerca de catorze anos atrás, eu achei que seria capaz de viver aquilo sozinho, trancado no quarto lendo teologia, sem frequentar cultos ou igrejas. Mais tarde, porém, descobri que ir à igreja era a única maneira de arvorar minha bandeira; e, naturalmente, notei que isso significava ser um alvo. É inacreditável como passa a ser inconveniente para a família o simples ato de acordarmos cedo para ir à igreja. Não importa muito se acordamos cedo para qualquer outra coisa; mas, se acordamos cedo para ir à igreja, esta é considerada uma atitude egoísta que incomoda a casa toda. Se há algo no ensino do Novo Testamento que apresenta uma clara natureza de ordem, é a obrigação de participar da ceia[7] — e não se pode fazer isso sem ir à igreja. Eu abominava os hinos; considerava-os poemas de quinta categoria entoados em melodias de sexta. Contudo, conforme insisti, passei a enxergar o mérito daquilo. Eu me deparei com pessoas diferentes que tinham percepções e níveis de educação igualmente diferentes, e, aos poucos, minha arrogância começou a esvair-se. Eu percebi que os hinos (de fato, apenas melodias de sexta categoria) eram, não obstante, entoados com devoção e grande proveito por um cristão idoso de botas grosseiras que se sentava no banco oposto ao meu — e, então, reconheci que eu não era digno sequer de limpar aquelas botas. Estar no ambiente da igreja tira-nos de nossa presunção solitária. No entanto, não cabe a mim estabelecer leis, pois sou apenas um leigo e não sei muito.

Pergunta 17:

Se é verdade que basta querer Deus o suficiente para encontrá-lo, como posso me convencer a querê-lo o suficiente para, então, encontrá-lo?

LEWIS:

Se você não quer Deus, por que está tão ansioso por querê-lo? Penso que, na realidade, o desejo é real, e eu diria que essa pessoa de fato encontrou Deus, embora isto ainda talvez não seja plenamente reconhecido. Nem sempre estamos cientes das coisas no momento em que elas acontecem. Seja como for, o mais importante é que Deus encontrou essa pessoa, e isto é o principal.

---

[1] Mateus 19:23; Marcos 10:23; Lucas 18:24.
[2] Filipenses 2:12.
[3] Ibid.
[4] O livro de Jonas.
[5] Gênesis 6—8.
[6] 2Samuel 2—1Reis 2.
[7] João 6:53-54: "Se vocês não comerem a carne do Filho do homem e não beberem o seu sangue, não terão vida em si mesmos. Todo aquele que come a minha carne e bebe o meu sangue tem a vida eterna, e eu o ressuscitarei no último dia."

Referências bibliográficas

Reflexões cristãs, Thomas Nelson Brasil.
- "Dúvidas e o dom da fé" foi extraído do capítulo intitulado: "Religião: realidade ou substituto?".

Deus no banco dos réus, Thomas Nelson Brasil.
- "O perigo de apontar falhas nos outros" foi extraído do capítulo intitulado: "'O problema de fulano...'".
- "Negar e amar a si mesmo" foi extraído do capítulo intitulado "Dois caminhos para 'eu'".
- "Encantos e desafios da vida familiar" foi extraído do capítulo intitulado: "O sermão e o almoço".
- "Como não se sentir ameaçado quando o cristianismo permanece inalterado e a ciência e o conhecimento progridem" foi extraído do capítulo intitulado "O dogma e o universo".
- "Questões práticas sobre ser um cristão hoje" foi extraído do capítulo intitulado "Respostas a perguntas sobre o cristianismo".

Cristianismo puro e simples, Thomas Nelson Brasil.
- "Pondo a salvação em prática" foi extraído do capítulo intitulado "Fé".
- "Como difundir a vida cristã interior" foi extraído do capítulo intitulado "A conclusão prática".

- "A importância da prática do amor" foi extraído do capítulo intitulado "Caridade".

Present concerns: journalistic essays [Preocupações atuais: ensaios jornalísticos], HarperOne.
- "O significado da declaração: 'O viver é Cristo'" foi extraído do capítulo intitulado "Três tipos de homem".

O peso da glória, Thomas Nelson Brasil.
- "Preocupando-nos com mais do que a salvação de almas" foi extraído do capítulo intitulado "Aprendizado em tempos de guerra".
- "Perdão como prática necessária" foi extraído do capítulo intitulado "Sobre o perdão".
- "A arte cristã de obter glória" foi extraído do capítulo intitulado "O peso da glória".
- "O significado de ser parte do corpo de Cristo" foi extraído do capítulo intitulado "Membresia".

A última noite do mundo, Thomas Nelson Brasil.
- "Vivendo hoje na expectativa da segunda vinda amanhã" foi extraído do capítulo intitulado "A última noite do mundo".

sobre o autor

CLIVE STAPLES LEWIS (1898-1963) foi um dos gigantes intelectuais do século XX e provavelmente o escritor mais influente de seu tempo. Era professor e tutor de literatura inglesa na Universidade de Oxford até 1954, quando foi unanimemente eleito para a cadeira de Inglês Medieval e Renascentista na Universidade de Cambridge, posição que manteve até a aposentadoria. Lewis escreveu mais de 30 livros que lhe permitiram alcançar um vasto público, e suas obras continuam a atrair milhares de novos leitores a cada ano.

Outros livros de C. S. Lewis
pela THOMAS NELSON BRASIL

A abolição do homem
O assunto do Céu
A última noite do mundo
Cartas a Malcolm
Cartas de um diabo a seu aprendiz
Cristianismo puro e simples
Deus no banco dos réus
O peso da glória
Os quatro amores
Reflexões cristãs
Sobre histórias
Um experimento em crítica literária

Trilogia Cósmica

Além do planeta silencioso
Perelandra
Aquela fortaleza medonha

Este livro foi impresso em 2025, pela Santa
Marta, para a Thomas Nelson Brasil. A fonte
usada no miolo é Palatino Linotype corpo 9.
O papel do miolo é snowbright 70 g/m².